张伦 李永宁 著

重构知识
在线知识传播的疆域、结构与机制

Reconstructing Knowledge
Landscapes, Mechanisms,
and Structures of Online Knowledge Communication

清华大学出版社
北京

版权所有，侵权必究。举报：010-62782989，beiqinquan@tup.tsinghua.edu.cn。

图书在版编目（CIP）数据

重构知识：在线知识传播的疆域、结构与机制 / 张伦，李永宁著. —北京：清华大学出版社，2023.4
ISBN 978-7-302-63140-8

Ⅰ.①重… Ⅱ.①张… ②李… Ⅲ.①网络传播－知识传播－研究 Ⅳ.①G2

中国国家版本馆CIP数据核字(2023)第058066号

责任编辑： 纪海虹
封面设计： 常雪影
版式设计： 方加青
责任校对： 王荣静
责任印制： 曹婉颖

出版发行：清华大学出版社
　　　　网　　址：http://www.tup.com.cn，http://www.wqbook.com
　　　　地　　址：北京清华大学学研大厦A座　　邮　　编：100084
　　　　社 总 机：010-83470000　　　　　　　　邮　　购：010-62786544
　　　　投稿与读者服务：010-62776969，c-service@tup.tsinghua.edu.cn
　　　　质 量 反 馈：010-62772015，zhiliang@tup.tsinghua.edu.cn
印 装 者：小森印刷霸州有限公司
经　　销：全国新华书店
开　　本：160mm×230mm　　　印　　张：14.75　　　字　　数：181千字
版　　次：2023年5月第1版　　　印　　次：2023年5月第1次印刷
定　　价：68.00元

产品编号：091471-01

目 录

第一章　众包时代的知识传播　　1
　第一节　什么是知识？　　2
　　一、知识的定义　　2
　　二、知识的外延　　6
　第二节　在线知识传播的社会意义　　9
　　一、在线知识分享平台与意义语义场　　10
　　二、在线知识分享平台与知识的社会分配　　11
　　三、问题的提出　　12
　　四、研究平台的选择　　14
第二章　计算传播学视角下的在线知识传播研究路径　　18
　第一节　既往在线知识传播研究的典型路径　　19
　第二节　在线知识传播研究的路径转移　　21
　第三节　网络文本分析方法　　23
　　一、概念网络　　25
　　二、焦点概念分析　　25
　　三、网络分析　　29
　第四节　动态网络分析方法　　31
　　一、动态网络的社团发现　　32

本书为国家哲学社会科学基金一般项目"基于社会化媒体的在线知识传播效能与影响机制研究"（项目编号：20BXW102）结项成果。

二、动态社团演化　　39

第三章　在线知识传播的知识疆域　　46
　第一节　什么是知识建构?　　47
　第二节　数据的收集与准备　　50
　　一、数据收集　　50
　　二、节点去噪　　51
　第三节　知识疆域的内容与结构特征　　52
　第四节　知识疆域的演化规律　　55
　　一、知识网络的拓扑结构特征演化规律　　55
　　二、知识标签网络社团间的合并与分裂　　57
　第五节　节点的生成、死亡与生存机制　　68
　　一、节点的生成机制　　68
　　二、节点的死亡机制　　72
　　三、节点的生命周期规律　　75

第四章　在线知识传播的领域知识疆域　　79
　第一节　文化标签演变和跨媒介叙事分析　　79
　　一、文化标签与跨媒介叙事　　80
　　二、文化标签社团结构与演化规律　　81
　第二节　游戏标签网络特征及演化趋势　　89
　　一、游戏知识建构　　90
　　二、游戏知识疆域的结构特征　　92
　　三、热门网络游戏的网络结构演化规律　　105
　第三节　教育标签知识建构　　109
　　一、建构教育话题下的标签共现网络及知识社团　　110
　　二、标签网络节点的生命周期　　114

三、教育领域知识标签社团结构　　118

第五章　知识生产和知识采纳机制　　124

　第一节　用户在线知识贡献的主要动机　　124

　　一、知识贡献的内在动机　　126

　　二、知识贡献的外部奖励　　129

　　三、研究方法　　131

　　四、变量测量与研究发现　　134

　　五、在线知识贡献行为的内生与外生动机　　140

　　六、线下知识贡献的职业生命周期　　142

　第二节　基于知识实体的知识采纳　　143

　　一、知识采纳的定义　　144

　　二、知识采纳的网络文本分析　　146

　　三、知识概念的网络结构与基于知识节点的知识采纳　　148

　　四、知识概念网络的建构　　153

　　五、知识概念的采纳机制　　158

第六章　知识生产的普惠性　　163

　第一节　从知识占有鸿沟到知识生产鸿沟　　164

　第二节　教育知识生产的普惠性与知识生产鸿沟　　168

　　一、衡量知识生产鸿沟的操作化定义　　170

　　二、教育领域的知识生产鸿沟　　172

　第三节　教育弱势群体的"在场后缺场"　　190

第七章　在线知识的合作建构机制　　192

　第一节　知识问答行为的爆发现象　　193

　　一、知识爆发的识别方法　　194

　　二、判定知识回答行为的爆发　　197

第二节　知识增量的演化趋势　　203
　　　　一、知识建构过程的关键概念与指标　　204
　　　　二、研究方法　　211
　　　　三、不同问题的信息增量演化趋势　　214
　　　　四、影响知识建构的因素　　216
第八章　结语　　222
　　　　一、本书的学术贡献　　223
　　　　二、在线知识传播的技术契机　　225
　　　　三、重回哈耶克：在线知识传播的局限性　　226

第一章　众包时代的知识传播

知识传播关乎国家科技创新、社会进步与文明传承。知识传播是国家知识经济战略深入发展的重要保证。知识的创新、成果转化、知识产品的应用等知识经济发展的重要环节皆依赖于知识在社会个体中的有效传播[1]。同时，基于社会化媒体广泛而高效的知识传播有助于提升政府和社会组织科学管理能力与科学决策水平，从而降低社会运行成本。从这个意义而言，对于在线知识传播的结构、内容与机制的探究有助于客观评价和提升新媒体知识内容资源的供给能力与传播能力，从而有效提升知识传播效率、提高全民科学素养，最终助力社会进步。

从媒介技术的变革角度而言，基于社会化媒体的在线知识分享系统，因其开放协同、普惠共享的技术特征，能够满足公众泛在化、个性化知识获取需求，从而驱动知识传播方式发生转型。相比于传统的建制性知识传播方式，在线知识传播具有重要变革意义。与传统的以学校为代表

---

[1] 倪延年. 知识传播功能论[J]. 中国图书馆学报, 2002(5): 12–15.

的建制性知识传播相比，在线知识传播具有以下特征[1]。第一，多样性的参与者使得用户能够获得广泛的知识建构社群的协助。第二，去中心化、开放性的用户自组织环境，为用户认知的能动性提供重要保证。第三，用户的互动机制与用户群体的扁平化结构，使得用户可以对权威资源进行个性化应用，从而实现普遍深入的知识建构。

然而，这种新兴的知识传播方式也面临着知识传播疆域不确定性的挑战。学界和业界对于社会化媒体知识传播的内容特征以及知识疆域的结构特征尚缺乏有效评估，特别是针对社会化媒体的历时性、全局性分析的研究阙如。本书正是基于这样的理论与技术背景，期望站在跨学科视角，对在线知识传播疆域、结构、个体行为与信息传播机制进行深入研究。具体而言，本书希望立足于传播学视角，借助信息科学理论，利用复杂网络与自然语言处理技术，对在线知识传播进行历时性和全局性的综合考量。本章将从"知识的定义"切入，讨论传统意义以及社交媒体平台中的知识特征，进而讨论在线知识分享平台知识传播的重要社会意义。在此基础上，本章提出本书的主要研究问题，并简要探讨本书对研究平台选择的基本考量。

第一节 什么是知识？

一、知识的定义

不同学科对于知识的形成、传承以及演化提出了不同的看法。在哲学层面上，知识被定义为"真实的信念（Good True Belief）"[2]。该定义强

---

[1] Scardamalia M, Bereiter C. Computer Support for Knowledge-Building Communities[J]. The Journal of the Learning Sciences, 1994, 3(3): 265–283.
[2] Zagzebski L. What Is Knowledge? In: Greco J, Sosa E. . The Blackwell Guide to Epistemology. Malden, Mass.: Blackwell Publishers, 2017. 92–116.

调了信念的目的（Purpose），即知识传播者的意图（Intention）必须是好的（Good），而且验证信念对错的方式必须是正确的（True）。进一步地，知识还被认为是"已被验证的正确信念（Justified True Belief）"[1]。但是几十年来，"已被验证的正确信念"这个概念的准确性受到来自学界的诸多质疑，例如，埃德蒙德·盖蒂尔（Edmund L. Gettier）提出的质疑是，一个正确的且被验证的信念，可能只是出于偶然性被证明为正确[2]。后来，丹尼尔·霍华德-斯奈德（Daniel Howard-Snyder）为了解决这一定义的问题，将知识定义为，"知识是正确的信念，并且这个'正确'是一个非偶然的正确"[1]。扎格泽博斯基（Linda Zagzebski）认为，知识是一种源自于理智德性（Intellectual Virtue）行为的信念。更具体而言，知识是一种和现实相关联的认知，这种认知源自于理智德性的行为。[1]

不同于哲学层面，在知识社会学视野中，知识是对现实的社会建构。知识的重要作用是构造出了一个社会赖以维系的"意义之网"[3]。社会科学家更关心现实和知识的形成与社会的关系，即知识在成为"社会现实"的过程中所经历的社会过程[3]。社会科学家认为，与思想和理论相比，知识来自于经验（例如，人们在非理论和前理论的日常生活中所"知"的现实）。常识性的知识是知识社会学的焦点，这些常识逐渐成为社会共识。托马斯·H. 达文波特（Thomas H. Davenport）和劳伦斯·普鲁萨克（Laurence Prusak）将知识描述为框架经验、价值观、情景信息和专业观点的混合体，并且这些知识能够为评估和合并新的经验和信息

---

1 Zagzebski L. What Is Knowledge? In: Greco J., Sosa E., The Blackwell Guide to Epistemology. Malden, Mass.: Blackwell Publishers, 2017. 92–116.
2 Gettier E L. Is Knowledge Justified True Belief?[J]. Analysis, 1963, 23(6): 121–123.
3 彼得·L. 伯格，托马斯·卢克曼. 现实的社会建构：知识社会学论纲[M]. 吴肃然，译. 北京：北京大学出版社，2019.

提供框架[1]。

从这个意义而言，关注现实的社会建构，是社会科学领域知识传播研究的重要任务。例如，布鲁诺·拉图尔（Bruno Latour）和史蒂夫·伍尔加（Steve Woolgar）在诺贝尔奖得主罗歇·夏尔·路易·吉耶曼（Roger Charles Louis Guillemin）博士的实验室进行参与式观察，记录实验室的日常对话与运行，从而基于社会文化视角提出，科学知识并非事实的积累，而是通过社会建构而产生的新信息[2]。在知识社会学领域学者来看，知识具有以下特征：第一，知识具有客观性；第二，知识具有"主体间性（Intersubjectivity）"；第三，知识的建构过程是个体主观过程"客体化（Objectivations）"和"制度化"过程。

第一，知识的客观性指的是，知识的客观性，是既定的、超越个人的。社会现实（Reality）是某些现象的属性，独立于人，不以人的意志为转移。对个人来讲，这种现实是一种外在的、带有强制性的事实。在承认客观性的前提下，人们才有可能谈论类似于自然现实的、对个人来讲是复杂的和给定的社会世界；社会构造（Social Artifact）才能作为一个客观世界被下一代传承。例如，舍勒分析了人类知识如何由社会所规约。人类知识在社会中是以先验的形式呈现的，先于个人经验，并为其提供意义秩序。这种秩序是个体看待世界的自然方式。

第二，知识建构过程的前提是知识具有"主体间性（Intersubjectivity）"。主体间性是知识能够被社会成员合作建构的基础。现代社会人类的日常生活中包含着不为受众直接接触的领域。日常生活现实是一个主体间的世界，一个由我与他人分享的世界。这种主体间性将日常生活现实与个

---

1 Davenport T H, Prusak L, Others. Working Knowledge: How Organizations Manage What They Know[M]. Harvard Business Press, 1998.
2 Woolgar S, Latour B. Laboratory Life: The Construction of Scientific Facts[M]. Princeton University Press, 1986.

体所意识到的其他现实区分开来。人们在常态的、不证自明的例行生活中，共享着一些社会现实。而只有当主体间的经验能够在某种符号系统中被客体化时，即共享经验有可能被重复客体化时，我们才能将其说成是社会共识。换言之，每个个体和他人对世界的理解保持着某种一致性，这也是知识得以建构的前提假设。

第三，知识的建构过程是个体主观过程"客体化（Objectivations）"和"制度化"过程。在特定社会与文化背景下，社会科学家认为，知识是社会互动的结果，是在社会情境中被发展、传播和维持的，其是对现实的共同创造[1]。知识不是一个可以获取的客体（Object），知识是通过交流经验以及后续将观点付诸实践后协同创造出的新事物[2]。这个过程称之为"客体化"过程。通过这一环节，主体间（Intersubjective）的常识世界才得以建构而成。

既往研究分析了知识客体化过程如何在个体层面实现。卡尔-爱立克·斯威比（Karl-Erik Sveiby）认为，知识是不可见的，因为知识缺少一个广泛被认可的定义和测量标准[3]。他将知识定义为一种行动的能力（A Capacity to Act）。皮亚杰（Piaget）通过对个体认知过程的探究，提出了知识的动态本质，即个体已有认知模型对外部环境的同化（Assimilation）或者适应（Accomondation）过程。具体而言，为了应对不断变化的新环境，个体起初尝试将自己已有的内在认知基模应用到新的不断变化的环境中（即同化，Assimilation）。如果同化策略失败，他们不得不改变已

---

[1] 彼得·L.伯格，托马斯·卢克曼.现实的社会建构：知识社会学论纲[M].吴肃然，译.北京：北京大学出版社，2019.

[2] Halte N, Kimmerle J, Cress U, Using BIG DATA Techniques for Measuring Productive Friction in Mass Collaboration Online Environments[J]. International Journal of Computer-Supported Collaborative Learning, 2018, 13(4): 439–456.

[3] Sveiby K E. The New Organizational Wealth: Managing & Measuring Knowledge-Based Assets[M]. Berrett-Koehler Publishers, 1997.

有的认知基模或者获取新的基模（即适应，Accommodation）[1]。

多位学者进一步阐述了知识社会建构过程的"制度化"过程。人类社会那些最重要的知识是在前理论的层次上出现的。它是一个社会中"人尽皆知"的事情的综合，包括准则、道德规范、智慧箴言、价值与信仰、神话等事物。在知识通过客体化过程得以生产出客观世界的时候，制度化过程提供了知识建构的"程序化"的通道。换言之，借助于语言和以语言为基础的认知工具，已经被客体化的知识在社会化过程中，进一步被内化为"客观有效的真理"。有关社会的知识可被理解为一种"实现"（Realization）。它具有两层意义：一是客体化的社会现实被理解了；二是这一现实被持续不断产生出来。

上文从知识社会学角度出发，探讨了知识的定义以及知识的特征。在社交媒体时代，知识的呈现、传播和建构，皆由于信息技术的变革发生了重要的变化。基于在线知识分享平台技术，从知识社会学视角出发，本书将在线知识定义为用户通过在线互动协同建构的信息客体（即"信息、技术或经验"），即知识并非仅仅指可获取的客体（Object），其是通过知识生产者之间的经验交流，将观点付诸实践后协同创造出的新事物[2]。

二、知识的外延

既往研究根据研究目的的不同，对知识在不同维度进行分类。从认知理论的角度，知识被分类三种：陈述性知识（Declarative，即事实信息）；程序性知识（Procedural，即将陈述性知识编译成功能单元）；以

---

1 Holtz P, Kimmerle J, Cress U. Using Big Data Techniques for Measuring Productive Friction in Mass Collaboration Online Environments[J]. International Journal of Computer-Supported Collaborative Learning, 2018, 13(4): 439–456.
2 Woolgar S, Latour B. Laboratory Life: The Construction of Scientific Facts[M]. Princeton University Press, 1986.

及条件性知识（Conditional，即理解何时何地可以获取具体的事实或者使用特定的程序）[1]。从认知任务角度，知识可以被分为环境知识（Situation Knowledge）、概念知识（Conceptual Knowledge）、程序知识（Procedural Knowledge）和策略知识（Strategic Knowledge）[2]。从知识的认知深度，知识可以被分为表面知识（Surface or Superficial Knowledge）和深层知识（Deep Knowledge），后者是指那些被深深烙印在个人知识库（Knowledge Base）中的，或者是当讨论时被转化为基础的概念、原理或者程序的知识[2]。从知识的采纳主体角度，知识可以被区分为个人知识和集体知识，个人知识是由个体根据自身的信念、态度、意见和影响个体性格形成的因素创造并存在于个体的知识。社会知识是由群组的集体行为所创造的并存在于集体的知识。社会知识包含了指导组内交流和合作的规则等[3]。而按照用途进行分类，知识可被分为过程性知识（Procedural）(Know-how)、因果性知识（Causal）(Know-why)、条件性知识（Conditional）(Know-when)和关联性知识（Relational）(Know-with)[4]。此外，迈克尔·波兰尼（Michael Polanyi）认为，知识都具有隐性的维度[5]，因此，沿着他的思路来看，知识可以被分为显性知识和隐性知识[6]。显性知识是指那些可以被人类用某种特定的编码体系所表达的知识（最典型的是语言，还包括数学公式、各种图表、盲文、手语、信号灯等符号形式）。

1　Alexander P A, Judy J E. The Interaction of Domain-Specific and Strategic Knowledge in Academic Performance[J]. Review of Educational Research, 1988, 58(4): 375–404.
2　De Jong T, Ferguson-Hessler M G. Types and Qualities of Knowledge[J]. Educational Psychologist, 1996, 31(2): 105–113.
3　Nonaka I, Takeuchi H. The Knowledge-Creating Company: How Japanese Companies Create the Dynamics of Innovation[M]. Oxford university press, 1995.
4　Alavi M, Leidner D E. Knowledge Management and Knowledge Management Systems: Conceptual Foundations and Research Issues[J]. MIS Quarterly, 2001, 25(1): 107–136.
5　Polanyi M. The Tacit Dimension, Reissue[Z]. Anchor Day Books, New York, 1966(1966).
6　Popadiuk S, Choo C W. Innovation and Knowledge Creation: How Are These Concepts Related?[J]. International Journal of Information Management, 2006, 26(4): 302–312.

隐性知识是与显性知识相对的，是指那些难以描述的知识，如在特定语境中的经验、思考和感受等。卡拉·欧戴尔（Carla O'Dell）和杰克逊·格雷森（Jackson Grayson）指出，隐性知识是那些在雇员的大脑中的、在顾客的经验和销售商的记忆中找到的知识[1]。Spender将隐性知识定义为"还没被明确阐述的（Not yet Explicated）"信息[2]。野中郁次郎（Ikujiro Nonaka）和竹内弘高（Hirotaka Takeuchi）描述了显性知识与隐性知识相互作用的过程：显性知识通过组合过程共享，并通过内在化成为隐性知识；隐性知识是通过社会化过程共享的，并通过外部化变得明确[3]。

　　随着互联网的发展，以在线知识分享平台为代表的网络虚拟社区已成为现代社会最主要的知识交流平台[4]。例如，社会化问答网站（例如QUORA、AardVark、AnswerBag、百度知道，以及知乎网）中，用户以自然语言的方式，提出信息需求（主要表现为"提问"），其他用户对其需求予以回应（主要表现为"回答"），由此而结成一个虚拟社区。这些网站作为"共享互动的公共知识平台（Online Knowledge Sharing Platforms），已经成为人们获取知识的基本渠道之一"。例如，黄顺铭考察了以"知乎"为代表的虚拟社区中，用户知识分享的意向和行为的影响因素[5]。因此，本书根据研究语境，将知乎平台的"知识"外延界定为知识标签和知识标签社团的概括名称。知识标签是指用户通过在线互动

1　O'dell C, Grayson C J. If Only We Knew What We Know: Identification and Transfer of Internal Best Practices[J]. California Management Review, 1998, 40(3): 154–174.
2　Leonard D, Sensiper S. The Role of Tacit Knowledge in Group Innovation[J]. California Management Review, 1998, 40(3): 112–132.
3　Nonaka I, Takeuchi H. The Knowledge-Creating Company: How Japanese Companies Create the Dynamics of Innovation[M]. Oxford University Press, 1995.
4　刘丽群，宋咏梅. 虚拟社区中知识交流的行为动机及影响因素研究[J]. 新闻与传播研究，2007（1）：43-51+95.
5　黄顺铭. 虚拟社区里的知识分享：基于两个竞争性计划行为理论模型的分析[J]. 新闻与传播研究，2018，25（6）：52-76+127.

协同创造的不同认知领域内的信息客体名词（例如，"儿童教育""心理咨询""深度学习""减肥方法"）；知识标签社团的概括名称是指多个相互连接的知识标签语义聚落所涌现出的对该领域的概括（例如，教育、心理、计算机、运动）。

第二节　在线知识传播的社会意义

从历史上看，知识生产一直是社会某些结构和组织的特权[1]，例如科学机构，如大学、政府机构、研究实验室科学机构等。20世纪90年代，英国学者迈克尔·吉本斯（Michael Gibbons）在其著作《知识生产的新模式》中提出"知识生产的第二种模式"，这一模式产生于高度互动和社会性分布的系统中，在应用环境中利用交叉学科的研究方法生产知识[2]。如今，新的数字和互动媒体不仅允许，而且鼓励个人生产和分享自己的信息，打破了知识垄断，知识生产的远程互动性也发生了全新的变革。利用博客、维基百科、在线知识分享平台或其他网络渠道，任何互联网用户都可以成为知识生产者，并在虚拟空间中拥有发言权。在线知识分享平台作为知识传播平台，是传播学者研究在线现实社会建构的实现途径之一。本节站在知识社会学视角，从知识建构的语言，以及知识的社会分配两个层面，探讨在线知识分享平台对知识建构的变革。

---

[1] 姚远. 科学知识生产的权利保障——透析17世纪英国皇家学会的自治权利[J]. 自然科学史研究, 2010, 29（2）: 185–196.
[2] Gibbons M. Transfer Sciences: Management of Distributed Knowledge Production[J]. Empirica, 1994, 21(3): 259–270.

一、在线知识分享平台与意义语义场

作为符号系统，语言具有客体性，它可以脱离"此地此时"直接的主体性表达来传递意义，从而成为传递客观世界意义和经验的载体。第一，语言的逻辑性使得语言能对社会个体的经验进行分类，使得个体分享的常识对于社会其他互动对象都有意义。而在这个过程中，经验被匿名化了，经验得以通过语言被复制。第二，语言把原本在空间、时间和社会维度上彼此远离的事物"在场化（Making Present）"了。浩繁的体验与意义都可以在"此时此地"中被客观化。语言搭建起意义的语义场，借助语言，世界的个体经验和历史经验能够被展现为事实，并被保存和积累，从而形成社会知识库（Social Stock of Knowledge）。知识的分享使得个体共同进入可用的社会知识库。社会知识库以一个整体的形式呈现在人们面前，从而使个体能够将自己的零散知识整合起来。换言之，语言将共享经验客体化，使所有使用语言的人都可以运用这些经验。它是集体知识库的基础和工具。语言也进一步为新经验的客体化提供了方法，使其能够进入已有的知识库[1]。

传统的建制性知识建构过程——例如期刊学术论文发表、专著出版、学校课堂的标准化知识传播，其专业性知识建构，依赖于专家的专业化、学术性语言；知识贡献者处于层级分明的专业机构，知识的建构需要得到多层把关。这使得在人类历史的很长时间，知识建构是被专业化的机构和专家所垄断的。

而相比于传统的建制性知识传播方式，在线知识传播更有利于搭建起通俗的意义语义场。与传统的以学校为代表的建制性知识传播相比，在线知识传播语言呈现出去中心化、开放性特征，使得语言呈现出多元

---

[1] 彼得·L. 伯格, 托马斯·卢克曼. 现实的社会建构：知识社会学论纲 [M]. 吴肃然, 译. 北京：北京大学出版社, 2019.

化、通俗化趋势；在线知识库以"用户自组织"方式形成[1]。因此，用户参与的门槛相较于传统建制性知识生产方式变低；纳入社会知识库的信息更广泛而多元；从而降低了用户信息获取的时间成本和认知门槛。

二、在线知识分享平台与知识的社会分配

知识的社会分配，指个体由于自身所处的社会经济、政治、教育位置的不同，其获取社会知识库的能力也被不同程度限制。受众和自身的社会位置会带来狭隘立场，不同社会群体，其对于克服知识获取的局限性有着巨大差异。

在社会分工越发专业的社会中，每个个体彼此间都不可能完全掌握他人拥有的知识和复杂的专业技能系统。一个社会中的知识是在历史发展过程中积累下来的。社会日趋专业化的劳动分工，使得专业化知识呈现几何式增长，这就需要配有易学习和易传播的知识传播渠道。在这个过程中，随着劳动分工的发展，一部分人从事更专业化的活动，其带来了公共知识库的专业化（Specialization）和分隔化（Segmentation）。专家掌控着社会分配给自己的知识库内容，并成为其管理者。知识的制度化分隔带来的一个后果是，离散的社会子意义世界有可能出现。由于角色的专业化程度不断加强，领域知识变得界限分明，传播的壁垒增加[2]。

在线知识分享平台的出现，使得知识的分配机制发生了重要的变化。传统的知识建构过程发生于建制性机构中。在社会中，只有一小部分人从事钻研理论、考量观念和构筑世界观。而大多数受众会通过各种途径参与到与"知识"有关的事务中。如上文所言，知识的建构，从"客

---

[1] Scardamalia M, Bereiter C. Computer Support for Knowledge-Building Communities[J]. The Journal of the Learning Sciences, 1994, 3(3): 265–283.
[2] 彼得·L.伯格，托马斯·卢克曼.现实的社会建构：知识社会学论纲[M].吴肃然，译.北京：北京大学出版社，2019.

体化"向"制度化"演进。知识经过制度化过程,客体化的知识变得"客观上有效、主观上合理",即客体化意义获得了认知的有效性,制度秩序由此得到解释。相比而言,在线知识传播平台用户群体摆脱了建制性知识生产专业化组织的层级结构,呈现出扁平化传播趋势,增加了用户的互动机制。知识传播语言不再是单向传播,知识建构呈现出互动性协作建构。知识建构的过程中,用户参与协商,从而参与了知识的"制度化"进程,使得知识的分配权力不再只局限于从事钻研理论、考量观念和构筑世界观的专业机构。例如,维基百科对专业词条的定义被专业学术研究机构(例如期刊、机构)广泛认同,就是上述普通用户参与知识分配的典型案例。在这个过程中,用户可以对权威资源进行建构性应用并获得广泛的知识建构社群的协助,从而实现普遍深入的知识建构。

三、问题的提出

从知识社会学的视角来看,不同时代、不同文化环境下,知识都会呈现出不同的特点,其对社会也有着不同层面的深刻影响[1]。基于知识社会学的基本视角,在信息技术发展的背景下,知识建构发生了诸多变革。数据获取技术与数据分析技术的变革,使得我们能够对在线知识建构进行具体、经验性的深入分析。具体而言,本书重点关注以下三个研究问题。

其一,"是什么",即对"在线知识"的结构与时序特征进行客观、宏观的描述。这在既往文献中——无论是传播学、信息科学还是图书馆情报学,都是相对缺失的。而这也是理解在线知识传播的第一步,即通过描述在线知识结构与时序特征,对比在线知识建构与传统的知识生产的异同,为进一步深入探究在线知识的传播与影响提供更有针对性的起点。本书首先对于在线知识疆域的形成进行初步的阐释。这

---

[1] 周宏刚.知识社会学视野下的传播学危机[J].新闻与传播研究,2011,18(5):24-28+110.

种全局的、量化的、基于海量数据的描述，有助于我们理解知识生产的社会文化技术背景对在线知识建构的影响和反作用。本书所呈现出的知识疆域与图景，其知识生产方式的社会学意义在于在线社区的多人"协同"。虚拟社区由具有共同兴趣及需要的用户组成，他们可以借助网络，与想法相似的陌生人分享一种社区的感觉[1]。社会文化和信息技术背景如何影响了在线知识建构的协同机制，是本书描述"是什么"的主要目标。

其二，"为什么"，即基于上述基本发现，本书进一步的研究问题是，为何"在线社团的协同知识生产"产生如此的知识疆域图景？用户协同在线知识生产的机制是什么？描述和分析这个因果关系与过程，需要跨多个历史时期。因此，本书选择了具有十年跨度时期的在线知识分享平台进行分析。

其三，"怎么样"。本书对在线知识传播研究的一个宏观关照是，以社交媒体为代表的信息技术，是否能够实现信息传播（更具体而言，信息生产环节、信息传播与消费环节）的"普惠性"。如果不能，在线知识分享平台的知识疆域中有哪些特征（例如，能看到哪些知识？哪些知识被忽视，为什么？）。本书进而探讨如何在技术层面进行干预，来缩小用户之间的"知识鸿沟"。本书将对多个知识疆域的演化进行更为深入的探究。当然，这是一个宏大的话题，需要对在线知识内容、在线知识生产方式、传播路径与模式、社会影响等多个层面进行探究；并从知识生产参与者（微观层面）、知识生产社群与知识领域的形成（中观层面），以及基于新媒体技术与社会政治、经济、文化背景的在线知识协同建构（宏观层面）等不同分析单位切入，才能够更为深入

---

[1] 刘丽群，宋咏梅. 虚拟社区中知识交流的行为动机及影响因素研究[J]. 新闻与传播研究，2007（1）：43-51+95.

地回应这个宏大话题。

四、研究平台的选择

维基百科、知乎等知识问答平台被统称为"在线知识分享平台（Online Knowledge Sharing Platforms）"[1]。这些平台的共同特点是：第一，基于在线社群，用户自发提供知识；第二，具有知识生产的"自净"机制，即"纠错"方式。从数据的完整性、适用性以及可获得性三个角度考虑，本书采用知乎的在线问答数据进行分析。

（一）在线知识分享平台的技术差异与共性

知乎与其他知识分享平台相比，在知识的组织结构方面具有一定的差异性。

首先，"知乎"在知识建构的"纠错"方式上不同。维基百科、百度问答通过修改他人的编辑信息，对知识的可能错误进行纠错或者讨论；而 Quora、Stack Overflow、知乎等在线问答系统，通过用户竞争"最佳回答"来重置"回答"序列以及知识贡献者对自己发布的信息多次修改，实现知识的纠错。

其次，"知乎"在知识的定义和组织方式上不同。对于在线知识疆域的描述，其本质在于建构网络并对知识网络进行分析。而知识网络的建构，需要界定两个重要元素：节点和边。节点指的是知识节点，边指的是知识之间的关系。不同在线知识分享平台对节点的界定方式不同。对于"知乎"平台，我们将节点界定为"知识元"，这在既往的文献计量学中广泛采用。例如，多篇研究学术文献的知识图谱分析，皆将论文题目中出现的核心概念提取出来，作为知识元。维基百科因为其信息就

---

[1] Zhang L, Han Y, Zhou J-L, et al. Influence of Intrinsic Motivations on the Continuity of Scientific Knowledge Contribution to Online Knowledge-Sharing Platforms[J]. Public Understanding of Science, 2021, 30(4): 369–383.

是以"词条"(或称"知识")形式出现,因此节点自然就是词条概念本身。此外,我们将网络连边界定为"共现关系",来表示知识之间的"联系"。这在既往的学术文献知识图谱分析中也广泛采用。维基百科将"边"界定为知识之间的"超链接",即将某个词条内容中出现的其他词条,二者之间建构连边,这本质上也是共现关系。对于在线知识疆域的描述,其数据分析方法的本质是界定"知识/知识元"与知识共现关系。知识的衍生关系,本质都是根据某一个"知识元","联系"(即共现)到其他"知识元",进而探讨宏观结构所涌现出的特征与时序变化。因此,上述不同平台的技术差别不涉及知识生产本质过程的改变,也不应该影响到数据分析结果。当然,不同平台(例如知乎、Quora、维基百科),其知识图景与知识疆域因其参与用户、语言差异等多种原因,可能造成宏观知识图景的差异,这本身也是一个值得研究的问题。

与此同时,不同的在线知识分享平台也具有知识建构的共性。上述平台皆体现了在线知识分享平台的"合作"与"竞争"关系[1],这是在线知识分享平台不同于传统建制性知识建构的本质区别。在合作与竞争的知识建构过程中,在线用户提供了异质性信息,有利于知识在观点市场中涌现出主导意见,从而完成知识的建构。从这个意义而言,相比于知识建构研究常用的其他在线知识分享平台,知乎等在线问答系统等知识建构过程并不存在本质差异。不同平台在信息纠错层面的差别不应该影响到知识建构结果。

(二)在线知识协同建构理论在不同平台的适用性

本书的核心理论是施塔尔(Stahl)提出的"知识协同建构模型"

1　Sumi R, Yasseri T, Others. Edit Wars in Wikipedia[C]. 2011 IEEE Third International Conference on Privacy, Security, Risk and Trust and 2011 IEEE Third International Conference on Social Computing. IEEE, 2011: 724–727.

（Collaborative Knowledge Building）。知识协同建构过程包括两个核心环节，即"个人理解（Personal Understanding）"和"社会知识建构（Social Knowledge Building）"[1]。在个人理解环节，个体在公共空间内以文字的形式表达自己对知识的初步理解（Initial Belief）。这种表达受到个体的语言、社会政治、经济地位，以及个体所处的社会历史时期的影响。例如，在社会共同体中（如公司组织或线上虚拟社区），个体基于经验和已有知识提出问题，并对问题进行朴素的描述。在社会知识建构环节，个体关于知识的初步表达被后续参与者进一步论述和深入讨论（Refinement and Extensive Discussion）。信息经过社会互动（Social Interaction）、传播（Communication）、讨论（Discussion）、理清（Clarification）以及协商（Negotiation），最终形成知识建构参与者之间的共识，产生认知人造物（Cultural Artifacts），完成社会协同建构的知识生产过程。

该理论的核心论断旨在探讨"基于在线社群关系的多人协作生产建构"过程。该理论后来被马什（Cress）和基默尔（Kimmerler）进一步应用于以维基百科（Wikipedia）为代表的知识共享平台中，来描述在线知识建构过程。但本文理论框架的提出，并未完全对标"维基百科"。而是应用该框架，将维基百科作为案例之一，探讨在线知识分享平台的知识建构的新特征。知识协同建构模型具有可推广性（Generalizability）。据不完全统计，目前已有多篇论文探讨 Quora 的知识建构（外国版"知乎"），如表 1.1 所示。

---

1 Stahl G. A model of collaborative knowledge-building[C]//Fourth international conference of the learning sciences. 2000: 70–77.

表 1.1 基于"知识协同建构模型"的 Quora 研究

Chhabra A, Iyengar S, Saini J S. Skillset distribution for accelerated knowledge building in crowdsourced environments[J]. CoRR, 2015.
Chhabra A, Iyengar S, Saini P, et al. Presence of an ecosystem: An answer to "why is whole greater than the sum of its parts" in the knowledge building process[J]. arXiv preprint arXiv:1502.06719, 2015.
Chhabra A, Iyengar S R S, Saini P, et al. Ecosystem: A characteristic of crowdsourced environments[J]. arXiv preprint arXiv:1502.06719, 2015.
Ghosh S, Rath M, Shah C. Searching as learning: Exploring search behavior and learning outcomes in learning-related tasks[C]. Proceedings of the 2018 conference on human information interaction & retrieval. 2018: 22-31.
Chan R Y Y, Huang J, Hui D, et al. Gender differences in collaborative learning over online social networks: Epistemological beliefs and behaviors[J]. Knowledge Management & E-Learning: An International Journal, 2013, 5(3): 234-250.

第二章　计算传播学视角下的在线知识传播研究路径

在线知识传播，是指一部分社会成员借助社会化知识传播媒体向另一部分社会成员分享特定的知识内容（包括信息、技术或经验），并通过社交媒体的转发、评论等机制进行传播的信息扩散过程[1]。本章首先介绍既往在线知识传播研究的典型路径。在此基础上，本章探讨传统在线知识传播在理论和方法层面存在的弊端，进而探讨在线知识传播研究的路径转移的可能性，并介绍计算传播学视角下的在线知识传播研究路径。最后，本章将介绍计算传播学视角下的在线知识传播的两种重要研究方法——网络文本分析方法和动态网络分析方法。

---

[1] Charband Y, Navimipour N J. Online Knowledge Sharing Mechanisms: A Systematic Review of the State of the Art Literature and Recommendations for Future Research[J]. Information Systems Frontiers, 2016, 18(6): 1131–1151. 张晓青，张植禾，相春艳. 基于Web2.0的知识传播研究[J]. 现代传播（中国传媒大学学报），2010（4）：123–126.

第一节　既往在线知识传播研究的典型路径

既往在线知识传播研究可以归纳为以下三种研究路径。

第一，基于社会心理学与微观经济学视角的知识分享动机研究。社会心理学侧重分析个体参与社会性行为的心理动机。例如，马斯洛的需求层次理论[1]、赫茨伯格（Herzberg）的激励—保健双因素理论（Motivation-hygiene Theory）[2]、维克托·弗鲁姆（Victor H.Vroom）的期望理论[3]、霍曼斯（Homans）的社会交换理论[4]和班杜拉（Albert Bandura）的社会认知理论[5]等心理学理论，皆提出了个体从事社会化知识分享行为的基本行为动机[6]。与此同时，微观经济学领域从个体行为回报与成本均衡的角度深入探究了社会组织中个体参与知识传播的行为动机[7]。在该路径下，既往研究发现，个体参与知识分享与传播的主要动机包括用户的自我效能感与自我价值实现、利他心理、社会信任与归属、互惠以及获得社会性奖励，例如社会声誉（Reputation）等[8]。

第二，基于媒介技术视角的媒介采纳研究，即利用个体行为理论，

1　McLeod S. Maslow's Hierarchy of Needs[J]. Simply Psychology, 2007 (1): 1–18.
2　Herzberg F I. Work and the Nature of Man.[J]. World, 1966: 71–91.
3　Vroom V H. Organizational Choice: A Study of Pre-and Postdecision Processes[J]. Organizational Behavior and Human Performance, 1966, 1(2): 212–225.
4　Homans G C. Social Behavior as Exchange[J]. American Journal of Sociology, 1958, 63(6): 597–606.
5　Bandura A. Self-Efficacy: Toward a Unifying Theory of Behavioral Change.[J]. Psychological Review, 1977, 84(2): 191.Jin J, Li Y, Zhong X, et al. Why Users Contribute Knowledge to Online Communities: An Empirical Study of an Online Social Q&A Community[J]. Information & Management, 2015, 52(7): 840–849.
6　陈则谦. 知识传播及其动力机制研究的国内外文献综述 [J]. 情报杂志，2011，30（3）：131-137.
7　Stott K, Walker A. Extending Teamwork In Schools: Support and Organisational Consistency[J]. Team Performance Management: An International Journal, 1999, 5(2): 50–59.
8　宁菁菁. 基于"弱关系理论"的知识问答社区知识传播研究——以知乎网为例 [J]. 新闻知识，2014（2）：98-99+50.

例如，技术接受理论（Technology Acceptance Model）和计划行为理论（Theory of Planned Behavior）[1]和媒介使用与满足理论[2]等对个体知识分享行为意愿建构阐释模型，从个体效能、媒介技术的易用性、有用性以及社会规范等角度阐释个体知识贡献与分享行为的推动因素和技术壁垒[3]。该研究路径将社会化媒体视为新的媒介技术，探究受众如何利用新媒介技术参与在线知识传播。

第三，基于复杂网络的知识传播动力学研究。该研究路径利用已有的信息传播模型（例如 SIR 传染病模型）探究在线知识分享系统的网络拓扑结构特征与知识传播效率的关系[4]。既往研究侧重于探究知识传播网络的拓扑结构特征参数（例如，幂率分布、度分布、聚集系数、网络平均距离、网络中心度等）[5]。基于此，研究发现，网络的随机化程度提高了网络中知识的扩散速度[6]。科万（Cowan）等考察了包括规则网络、随机网络和小世界网络在内的网络结构对个体间知识扩散的影响，发现"小世界网络"结构下的知识扩散速度最快[7]。刘智洋等将百度百科的词条映射为复杂网络，通过计算该网络的节点度分布平均距离、簇系数等发现

1　黄顺铭. 虚拟社区里的知识分享：基于两个竞争性计划行为理论模型的分析 [J]. 新闻与传播研究，2018, 25(6): 52-76+127.
2　Yen C. How to Unite the Power of the Masses? Exploring Collective Stickiness Intention in Social Network Sites from the Perspective of Knowledge Sharing[J]. Behaviour & Information Technology, 2016, 35(2): 118–133.
3　Charband Y, Navimipour N J. Online Knowledge Sharing Mechanisms: A Systematic Review of the State of the Art Literature and Recommendations for Future Research[J]. Information Systems Frontiers, 2016, 18(6): 1131–1151.
4　汪林，刘丹青，裴国永, et al. 社交网络的 SEIJR 知识传播模型 [J]. 陕西师范大学学报（自然科学版），2017，45（1）：23–29.
5　褚建勋. 基于复杂网络的知识传播动力学研究 [D/OL]. 中国科学技术大学，2006[2021-09-29].
6　李金华, 孙东川. 复杂网络上的知识传播模型 [J]. 华南理工大学学报（自然科学版），2006（6）：99–102.
7　Cowan R, Jonard N. Network Structure and the Diffusion of Knowledge[J]. Journal of Economic Dynamics and Control, 2004, 28(8): 1557–1575.

在线知识网络具有无标度和小世界特征[1]。与此同时，用户节点特征与在线知识传播效率也存在相关关系。例如，网络用户节点之间信任程度、网络的平均知识水平皆提高了知识传播效率[2]。

纵观上述三种研究路径，既往在线知识传播研究主要关注微观个体知识传播行为动机与行为意愿（Behavioral Intention），而缺乏对宏观知识内容特征的考量。此外，以调查方法和内容分析方法为主导的研究方法滞后、对在线知识分享与传播一手数据的匮乏以及知识传播相关理论与新方法之间尚未弥合的鸿沟，是导致在线知识传播宏观知识内容特征研究阙如的主要原因。相比较而言，基于计算传播学研究范式（例如，文本挖掘和网络分析），对在线知识进行语词与标签（Tag）层面的"元知识"分析，是改进上述研究缺陷、推进知识传播研究的进路之一。

第二节　在线知识传播研究的路径转移

在线知识传播平台的出现对知识传播研究产生了变革性的影响。首先，就数据及其采集方式而言，在线知识传播平台的个体行为数据体量和维度激增。由于在线知识的体量极大，人工干预的数据分析方法无法有效量化海量数据，需要借助于自动化的算法与数据处理技术[3]。在这种情况下，传统研究方法（例如问卷调查法、内容分析法）所依赖的人工

1　刘智洋，刘鲁. Wiki 网复杂网络特性分析 [J]. 计算机工程，2011, 37（5）: 16-18.
2　宗刚，孙玮，任蓉. 基于信任机制的复杂网络知识传播模型的研究 [J]. 价值工程，2009, 28（12）: 94-97.
3　Crane D. Invisible Colleges: Diffusion of Knowledge in Scientific Communities[M]. Chicago London: the university of Chicago press, 1972.Casadevall A, Fang F C. Field Science—the Nature and Utility of Scientific Fields[J]. MBio, 6 (5): e01259-15.Leahey E, Beckman C M, Stanko T L. Prominent but Less Productive: The Impact of Interdisciplinarity on Scientists' Research[J]. Administrative Science Quarterly, 2017, 62(1): 105-139.

数据收集方式已很难实现社交媒体时代大规模、多模态数据的获取；以网络爬虫为代表的信息实时采集技术和工具逐渐成为数据获取的常态。在知识传播研究中，相比于传统用户行为分析，在线海量知识标签数据分析存在"体量大"和"模糊性"两个重要特征。这意味着传统的人为内容分析方法无法适用于新的研究语境。而只有通过对大规模标签共现模式的分析，才能够克服用户自创内容的"模糊性"弊端。其次，社交媒体带来了知识传播内容、时间和空间的改变。只有重新理解知识传播及其技术是如何与人和环境互构，才能解决新媒介环境下的知识传播现象。在知识传播领域，在线知识传播作为典型的信息传播行为，对其传播内容与传播模式的研究尚未形成有效范式，缺乏基本结论。最后，知识的创新在于交叉领域的创新（例如生物学神经网络技术与机器学习神经网络算法的提出），因此，传统的人工判定知识领域所产生的主观偏见会掩盖公共知识的变化和新领域的产生。

以计算社会科学为背景、以"计算传播学"为代表的"新经验主义研究范式"是否是知识传播研究可能的转移路径？2009 年，大卫·拉泽（David Lazar）、阿莱克斯·彭特兰（Alex Pentlend）等多位著名学者共同署名的文章《计算社会科学》(*Computational Social Sciences*)[1] 发表，标志着"计算社会科学"这一新兴学科的建立。"计算社会科学"指通过对海量数据的采集和分析，揭示人类个体和群体行为模式的新兴学科。具体而言，"计算社会科学"旨在通过对海量数据的收集、处理、存储海量规模数据，同时利用计算技术（例如自动内容分类、语义建模、自然语言处理、模拟和统计模型）分析用户行为。在"计算社会科学"研究范式下，传播学研究领域在过去十年出现了"基于计算方法的传播学

1　Lazer D, Pentland A, Adamic L, et al. Social Science. Computational Social Science.[J]. Science, 2009, 323(5915): 721–723.

研究（Computational Communication Research）"新范式，简称为"计算传播学"[1]。计算传播学研究融合了信息科学、计算机科学、网络科学等多学科背景。

本书将"在线知识传播研究的路径转移"定义为利用信息技术、强调数据本身的自足性与独立价值，立足知识传播实践行为模式的学术共识。本书从在线知识传播的传播内容角度入手，基于社会化媒体标签内容数据，利用网络分析方法，分析大规模在线协同建构的知识疆域及其演化特征。大数据时代，这种结合了计算社会科学与传统定量研究的数据驱动研究，实现了不同社会科学研究方法间的互补优化，使得研究者能够发现大规模数据下隐含的知识建构模式特征。从这个意义而言，本书立足于计算传播学视角，推动传播学与计算社会科学和信息科学的融合，将知识传播研究推向跨学科学术前沿。

第三节 网络文本分析方法

本节将开始介绍计算传播学知识传播研究的新方法。网络文本分析（Network Text Analysis）是一种半自动化的知识发现技术，能够通过非结构化的文本中提取实体和实体之间的关系[2]。个体所使用的词语，反映了这些词语在当前语境下在个体脑海中的关联性[3]。也就是说，词语在句子中的共现关系，是因为在个体的认知层面上，这些词语之间存在着某

---

[1] 张伦，王成军，许小可. 计算传播学导论[M]. 北京：北京师范大学出版社，2018.
[2] Martin M K, Pfeffer J, Carley K M. Network Text Analysis of Conceptual Overlap in Interviews, Newspaper Articles and Keywords[J]. Social Network Analysis and Mining, 2013, 3(4): 1165–1177. Carley K M. Network Text Analysis: The Network Position of Concepts[M]. Text Analysis for the Social Sciences, Routledge, 2020. 79–100.
[3] Krippendorff K. Reliability in Content Analysis: Some Common Misconceptions and Recommendations[J]. Human Communication Research, 2004, 30(3): 411–433.

种关联性。从这一角度而言,语言可以表示为以概念和共现关系所组成的网络[1]。这种包含了实体以及实体之间关系的文本网络,通常会根据研究对象和研究领域的不同而被具体命名,例如概念网络[2]、知识网络[3]、心智模型[4]、语义网络[5],或者是元网络[6]。网络文本分析可以从网络结构的角度出发对文本的特性进行测量,可以通过一些变量来衡量文本或者主题在网络中的位置,并且可以根据文本的关联程度发现文本主题等等[7]。图 2.1 展示了文本网络分析基本步骤,即获取原始文本、将原始文本转换为网络表达、进行进一步数据分析。

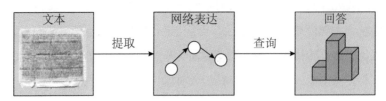

图 2.1　文本网络分析步骤示意图[8]

1　Axelord R. Structure of Decision: The Cognitive Maps of Political Elites[Z]. Princeton Univ. Press, New Jersey, 1976 (1976).
2　Carley K. Coding Choices for Textual Analysis: A Comparison of Content Analysis and Map Analysis[J]. Sociological Methodology, 1993, 23: 75–126.
3　Popping R. Knowledge Graphs and Network Text Analysis[J]. Social Science Information, 2003, 42(1): 91–106.
4　Carley K M. Extracting Team Mental Models through Textual Analysis[J]. Journal of Organizational Behavior: The International Journal of Industrial, Occupational and Organizational Psychology and Behavior, 1997, 18(S1): 533–558.
5　Diesner J, Carley K M. Revealing Social Structure from Texts: Meta-Matrix Text Analysis as a Novel Method for Network Text Analysis[M]. Causal Mapping for Research in Information Technology. IGI Global, 2005: 81–108.
6　Diesner J, Carley K M. Conditional Random Fields for Entity Extraction and Ontological Text Coding[J]. Computational and Mathematical Organization Theory, 2008, 14 (3): 248–262.
7　Roberts C W. A Conceptual Framework for Quantitative Text Analysis[J]. Quality and Quantity, 2000, 34(3): 259–274.
8　Van Atteveldt W H. Semantic Network Analysis: Techniques for Extracting, Representing, and Querying Media Content[J]. 2008.

一、概念网络

虽然文本网络在不同的研究语境下具有不同的名称，但是其建构本质是相通的。以概念网络为例，概念网络以概念为节点，以概念之间的内在关联为连边建构网络结构[1]。概念网络的建构为文本分析提供了一种实证分析方式。概念网络可以被认为是语言的社会结构，或者是现存社会知识的表征。

概念网络的基本元素可以归纳为：概念（Concept）、关系（Relationship）和陈述（Statement）。在概念网络中，每个概念都被表达为网络中的一个节点，概念之间的关系通过节点之间的连边进行表达，而所有的概念和关系都是提取自陈述（即概念所在的文本）。概念提取的依据来源包括专家建立的知识库以及各类公开的词典、词表等工具[2]。概念网络的提取方式有很多种，可以分为人工提取、计算机提取和人工与计算机辅助相结合的提取方式。例如 AutoMap 就是一项可以在非结构化的文本中自动提取概念网络的工具[3]，且在社会科学中被广泛应用[4]。

二、焦点概念分析

在概念网络的分析中，网络所包含的词汇量（Vocabulary）也就是

---

[1] Carley K M. Extracting Team Mental Models through Textual Analysis[J]. Journal of Organizational Behavior: The International Journal of Occupational and Organizational Psychology and Behavior, 1997, 18(S1): 533–558.
[2] Martin M K, Pfeffer J, Carley K M. Network Text Analysis of Conceptual Overlap in Interviews, Newspaper Articles and Keywords[J]. Social Network Analysis and Mining, 2013, 3(4): 1165–1177.
[3] Carley K M, Columbus D, Azoulay A. Automap User's Guide 2012[R]. CARNEGIE-MELLON UNIV PITTSBURGH PA INST OF SOFTWARE RESEARCH INTERNAT 2012.
[4] Pfeffer J, Carley K M. Rapid Modelling and Analyzing Networks Extracted from Pre-Structured News Articles[J]. Computational and Mathematical Organization Theory, 2012, 18(3): 280–299. Oh O, Kwon K H, Rao H R. An Exploration of Social Media in Extreme Events: Rumor Theory and Twitter during the Haiti Earthquake 2010[J]. 2010:231.

网络的节点数，被记为 n；需要被分析的概念被称为焦点概念（Focal Concept），如果想对整个概念网络进行完整的分析，则需要将每个概念依次作为焦点概念分析。概念之间的连边也可以分为直接连接（Direct Link）和间接连接（Indirect Link），例如 A 和 B 同时出现在一个句子中，B 和 C 同时出现在一个句子中，则 A 和 B、B 和 C 之间分别具有直接连接，A 和 C 通过 B 实现了间接连接。一个焦点概念的局部网络（Local Network）指的是和它直接连接的概念所构成的网络。扩展网络（Extend Network）指的是一个更大的概念集，首先通过设定边权阈值，只保留大于边权阈值的连边，然后由这个焦点概念出发，所有它可以到达的概念共同构成扩展网络。

网络结构影响网络的功能，因此每个概念在这个概念网络中的位置都具有其内涵。在概念网络中，每个概念的相对网络位置可以沿多个维度进行测量。在网络文本分析的早期，对概念的位置特征考察主要关注的是概念的语义含义所表现出的位置特征。例如凯瑟琳·卡利（Kathleen M. Carley）认为概念的位置测量可以从密度（Density）、传导性（Conductivity）和强度（Intensity）三个维度进行。这三个维度又可以从局部网络和扩展网络两个层面分别进行考察。局部密度（Local Evokability）是指焦点概念的总连边数量。局部传导性（Local Conductivity）测量的是穿过焦点概念的路径数量（即只考虑焦点概念的一阶邻居之间的路径），其值等于局部指向它的连边数与由它指出的连边数之积。局部强度（Local Intensity）衡量的是焦点概念以及与其直接相连的其他概念直接相连的关系强度。局部强度可以通过核心概念连边中大于平均强度的连边比例来衡量（强度等于两个概念的连边次数），即大于平均强度的连边数量比上总连边数量。将焦点概念置于其扩展网络，又可以得到核心概念的扩展密度（Extended Density）、扩展传导性

（Extended Conductivity）和扩展强度（Extended Intensity）。这三个维度共同反映了一个概念的传播能力。以密度、传导性和强度作为一个三维坐标系的坐标轴，每个概念都能找到自己的位置。例如，焦点概念自身的概念网络可以被认为是其内在意义的反映：内嵌意义的层次越多，焦点概念的网络的密度就越大；具有更大时效意义的焦点概念其传导性更高，或许因为这些概念更容易被唤起或者唤起其他概念；历史因素导致的概念网络中的焦点概念，可能具有更高的强度，例如由某个历史事件对应的概念网络。因此，概念的传播能力和它们自身的网络位置有着内在的关联。在这个三维坐标系中，所有的概念大致可以被分为八种类型，分别是普通概念（Ordinary Concepts）、原型（Prototypes）、流行语（Buzzwords）、事实（Factoids）、占位符（Place-Holders）、刻板印象（Stereotypes）、象征（Emblems）和符号（Symbols）。例如普通概念往往在三个维度的值都很低，大多数的概念都是如此；而流行语一般具有高传导性，但是强度和密度低；占位符则是指那些强度很低，但是密度和传导性很高的概念。

随着网络文本技术的推广，网络的分析方法逐渐被大家所接受，衡量概念位置特性的指标逐渐转向复杂网络分析中常用的度中心性（Degree Centrality）、介数中心性（Betweenness Centrality）等结构性指标。例如阿迪娜·内格斯（Adina Nerghes）使用了度中心性和介数中心性来代表概念的流行性（Popularity）和连通性（Connectivity）[1]。度中心性能代表一个知识概念在网络中的重要程度，或者说是代表其在网络中的地位。一个知识概念的度中心性衡量的就是它和多少其他知识概念有直接连边。度中心性高的概念在网络中的重要性更高，因为它在局部网络

---

[1] Nerghes A. Words in Crisis: A Relational Perspective of Emergent Meanings and Roles in Text[Z]. CPI–Koninklijke Wöhrmann BV Amsterdam, 2016(2016).

中的卷入程度很高，所以度中心性高的概念能够激活其他关键的概念[1]。在概念网络中，一个概念的介数中心性也是评估它影响力的重要指标之一[2]。对于不包含孤立节点的连通网络来说，网络中的每一对节点之间至少存在一条最短路径，使得路径通过的边数最小。节点的介数中心性就是经过该节点的最短路径的数量[3]。介数中心性反映了一个概念在网络中其他概念之间的关联链中的参与程度[4]。按照概念在网络中的度中心性和介数中心性，可以将概念划分到四个象限中，高度中心性且高介数中心性的象限包含的是扮演着全局中心（Globally Central）角色的概念，这类概念往往是热门话题，具有高流行度和高连通性。位于高度数中心性且低介数中心性的象限包含的是扮演者局部中心（Locally Central）角色的概念，这类概念虽然流行度很高，但是连通性不强，它们只是在局部流行。低度中心性且高介数中心性的象限包含的是"把关人"（Gatekeeper）概念，这类概念虽然流行度并不高，但是连通性强，在网络中扮演桥梁的角色，连接不同的主题或话题。低度中心性且低介数中心性的象限中包含的是边缘（Marginal）概念，这类概念流行性和连通性都低，在网络中的重要性相对较低。

此外，在网络文本分析的过程中，许多学者也会结合自身的研究目标和背景提出和使用了不同的结构指标来评估概念的位置特性。例如黄少滨等人在论文中提出了将度（Degree）、节点自身介数中心性（Ego

---

1 Carley K M. Network Text Analysis: The Network Position of Concepts[M]. Text Analysis for the Social Sciences. Routledge, 2020: 79–100.
2 Hill V, Carley K M. An Approach to Identifying Consensus in a Subfield: The Case of Organizational Culture[J]. Poetics, 1999, 27(1): 1–30.Wasserman S, Faust K, Others. Social Network Analysis: Methods and Applications[J]. 1994. Cambridge University Press, 1994.
3 Danowski J A. Analyzing Change over Time in Organizations' Publics with a Semantic Network Include List: An Illustration with Facebook[C]. 2012 IEEE/ACM International Conference on Advances in Social Networks Analysis and Mining. IEEE, 2012: 954–959.
4 Brandes U, Corman S R. Visual Unrolling of Network Evolution and the Analysis of Dynamic Discourse[J]. Information Visualization, 2003, 2(1): 40–50.

Betweenness Centrality）以及特征向量中心性（Eigenvector Centrality）三个指标相结合的方式来评估网络中的重要的核心节点和桥节点[1]。

总结而言，信息科学领域中"焦点概念"为本书探究知识节点提供了理论与方法层面的测量。后续章节将依托于焦点概念特征，探究在线知识分享平台中的具体知识节点的网络特征（例如度、介数中心性等）。

三、网络分析

网络文本分析不仅可以从节点层面开展，例如根据文本节点在网络中的位置识别关键文本，还可以从网络层面挖掘文本特征，发现文本的规律，阐释文本内涵。本书将从话题发现、知识发现和叙事框架分析这三个方面举例说明网络文本分析技术是如何从整体网络的层面进行分析的。

通过将文本表示为相互关联的概念网络，进行网络分析和可视化，能获得的不仅仅是对文本的量化[2]，更能从中挖掘概念发展的趋势，这些信息在知识发现领域具有重要作用[3]。例如郑菲菲等人[4]根据"Library Hi Tech"中的数据抽取了 Web of Science 中 2006—2017 年 522 篇论文数据，通过研究论文关键词共现网络，以可视化的形式展示了历年来不同知识领域内的重点关键词及其使用变化，从而可以发现热点知识概念、预测知识领域发展趋势。德米特里·帕拉纽什金（Dmitry Paranyushkin）[5]打造了一款能够为研究者提供研究文献话题特征的工具 InfraNodus。该工

---

1 Huang S, Lv T, Zhang X, et al. Identifying Node Role in Social Network Based on Multiple Indicators[J]. PloS One, 2014, 9(8): e103733.
2 Martin M K, Pfeffer J, Carley K M. Network Text Analysis of Conceptual Overlap in Interviews, Newspaper Articles and Keywords[J]. Social Network Analysis and Mining, 2013, 3(4): 1165–1177.
3 Cucchiarelli A, D'Antonio F, Velardi P. Semantically Interconnected Social Networks[J]. Social Network Analysis and Mining, 2012, 2(1): 69–95.
4 Cheng F-F, Huang Y-W, Yu H-C, et al. Mapping Knowledge Structure by Keyword Co-Occurrence and Social Network Analysis: Evidence from Library Hi Tech between 2006 and 2017[J]. Library Hi Tech, 2018.
5 Paranyushkin D. InfraNodus: Generating insight using text network analysis[C]. The world wide web conference. 2019: 3584–3589.

具首先建构文本网络，然后利用社团划分算法对网络中的文本概念进行聚类，识别网络中的不同主题，最后该工具通过发现网络中的结构洞区域，预测文本网络将来观点、话题发展方向。

文本聚类是指根据文本的"相似性"或者"距离"等信息，将大量的文本内容聚集到少数几个类别中[1]。在对文本进行内容分析时，经常会需要使用到文本聚类的方法，它能够帮助研究者迅速发现大规模文本背后的群组关系，识别文本所包含的主题类别，便于快速认识和了解文本数据。基于文本自身的聚类算法往往通过文本层面的特征计算其相似性并进行聚类，例如使用 TF-IDF 算法等。当然，除了基于文本层面的特征进行聚类分析，也可以借助网络分析的方式。当文本从非结构化的形式被重新建构为网络，网络中的每个节点都代表了一个词语、段落或文章。根据网络中节点连接的紧密程度，研究者可以识别出网络中是否存在一些内部连接紧密的群组，这些群组也就是网络中的社团，不同社团的节点即代表了这些文本所属的不同类别或主题。例如利维亚·塞拉多（Livia Celardo）和马丁·埃弗里特（Martin G Everett）[2]通过从文本中按照词语的共现关系建构文本网络，并采用经典的 Louvain 算法对网络进行社团划分，从而只通过文本的拓扑结构信息就能够得到文本的聚类结果。安德里·阿拉姆斯亚（Andry Alamsyah）等人[3]也通过文本网络的方式展示了政治选举中的关键概念，并通过社区划分的方式识别文本主题，探究意见极化现象。因此，文本网络的建构，尤其是文本聚类的结果，能够在一定程度上帮助研究者感知和提炼文本的主要内容与结构。

---

[1] Huang A. Similarity measures for text document clustering[C]. Proceedings of the sixth new zealand computer science research student conference (NZCSRSC2008), Christchurch, New Zealand. 2008: 9–56.
[2] Celardo L, Everett M G. Network Text Analysis: A Two-Way Classification Approach[J]. International Journal of Information Management, 2020, 51: 102009.
[3] Alamsyah A, Rochmah W Y, Nurnafia A N. Deciphering Social Opinion Polarization Towards Political Event Based on Content and Structural Analysis[J]. ArXiv Preprint ArXiv:2102.08249, 2021.

对定性文本数据进行定量的分析，这种交叉分析的方式是混合方法研究（Mixed-research）的特征之一。网络文本分析作为混合研究方法中的一员，其本质思想是将文本数据表现为网络的形式，并利用结构视角去观察和探究网络的特征。在使用网络文本分析时，不必局限于具体的方法路线，而是需要在把握其核心思想的基础之上，根据所研究数据和场景的特性，选择合适的方法。随着数据和技术的快速发展，网络文本分析的技术边界和应用场景不断被拓展。一方面，将网络文本分析、神经网络和深度学习等方法相结合的文本分析方式不断涌现，基于传统的复杂网络分析的关键概念识别、聚类、网络提取等环节在新技术的加持下不断升级[1]；另一方面，关注文本时间信息的动态文本网络分析研究也得到越来越多的关注，对文本网络的动态观察，能够提升研究者对网络中主题的演化和发展的趋势等问题的认识。

第四节　动态网络分析方法

无论是文本网络，还是社交网络，在网络分析的过程中，社团结构作为介于宏观网络和微观个体之间的中观结构，其在社团层面所具有的特性是网络层面的特性所不能替代的，忽视社团结构可能会遗漏关键网络特征[2]。尤其是近年来随着网络数据可得性的增强，具有时间信息的动态网络的社团分析的研究不断增加。时间信息的引入能够以纵向视角重新观察网络的发展，刻画网络演化的模式。因此，本节对动态社团的发现、演化和应用进行了梳理，为网络文本分析提供技术和方向性的参考。

1　Oliva S Z, Oliveira-Ciabati L, Dezembro D G, et al. Text Structuring Methods Based on Complex Network: A Systematic Review[J]. Scientometrics, 2021, 126: 1471-1493.
2　Newman M E. Finding Community Structure in Networks Using the Eigenvectors of Matrices[J]. Physical Review E, 2006, 74(3): 036104.

一、动态网络的社团发现[1]

社团结构是复杂网络的拓扑特性之一，发现复杂网络中的社团结构是复杂网络研究的基础性问题[2]。通常认为，社团结构是指网络中的节点可以被划分为多个分组（Group），组内节点连边相对紧密，组间节点连边相对稀疏[3]。社团发现（Community Detection）是识别网络中节点群组关系的过程，社团发现往往能够揭示网络更深层次的特征，为理解网络的内部结构和生成机制提供了极具意义的研究视角[4]。

动态网络（Dynamic Network）是一种处在变化过程中的特殊的演化复杂网络（Evolving Complex Network）[5]，例如网络节点的加入或移除，或是节点间连边关系的改变，这些变化或许对整个网络结构的影响甚微，但是从动态演化的角度来看，随着时间的推移，细小变化的累积可能最终会导致整个网络及其社团结构特征的改变。

为了实现对动态社团的演化追踪，按照动态网络社团发现算法输入的网络数据类型，纳里梅内·达基切（Narimene Dakiche）等人[5]将算法分为两大类：第一大类是对网络数据按照时间步进行切片，得到一组网络切片序列（Sequence of Snapshots），将其作为输入数据然后进行社团发现分析及演化追踪；第二大类社团发现算法的输入数据是时态网络（Temporal Network），时态网络是通过记录网络中连边随时间移动而产生的变化信息来实现的。具体而言，对于时态网络上的动态社团检测，

---

[1] 注：本节部分内容已发表于论文《动态社团发现研究综述》，见《复杂系统与复杂性科学》2021年第18卷第6期。
[2] Ferligoj A, Batagelj V. Direct Multicriteria Clustering Algorithms[J]. Journal of Classification, 1992, 9(1): 43–61.
[3] Girvan M, Newman M E. Community Structure in Social and Biological Networks[J]. Proceedings of the National Academy of Sciences, 2002, 99(12): 7821–7826.
[4] Dakiche N, Tayeb F B-S, Slimani Y, et al. Tracking Community Evolution in Social Networks: A Survey[J]. Information Processing & Management, 2019, 56(3): 1084–1102.
[5] Qiu B, Ivanova K, Yen J, et al. Behavior Evolution and Event-Driven Growth Dynamics in Social Networks[C]. 2010 IEEE Second International Conference on Social Computing. IEEE, 2010: 217–224.

不需要每次都从零开始对网络进行社团发现，而是根据网络中点与边的变化，对之前已发现的社团进行更新，即时态网络的社团发现是由一个初始的静态社团和对此社团的一系列修改（例如节点的聚集和删除）组成的。但是网络切片序列和时态网络这两种数据类型可以互相转换，时态网络虽然在数据类型上是以"初始网络"和"每个时间点的网络变动"的形式存储，但是其数据反映的还是在每个时间点的网络结构，和网络切片序列所包含的信息是一致的，只是分析单位不同。

综合来看，不同动态社团发现算法最本质的区别在于是否使用历史信息推断当前时刻的社团结构。因此，本书将综合以往学者对社团发现算法的分类方式[1]，按照发现当前社团时是否考察网络历史信息这一差异，将动态社团发现算法归纳为独立的社团发现算法（Independent Community Detection）和基于历史的社团发现算法（如图2.2）。

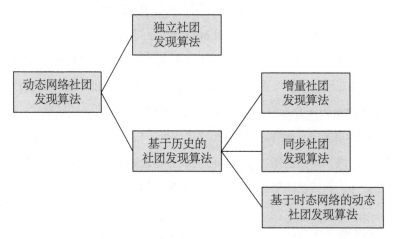

图 2.2 动态网络社团发现算法分类图

---

1 Seifikar M, Farzi S, Barati M. C-Blondel: An Efficient Louvain-Based Dynamic Community Detection Algorithm[J]. IEEE Transactions on Computational Social Systems, 2020, 7(2): 308–318. Boujlaleb L, Idarrou A, Mammass D, et al. User-Centric Approach of Detecting Temporary Community[C]. 2015 Third World Conference on Complex Systems (WCCS). IEEE, 2015: 1–6.

（一）独立社团发现算法

独立社团发现算法针对的是网络切片序列数据，该类算法在对每个时间切片发现社团时，不考虑以往时间切片，因此对于变动较大的动态网络也适用。该算法分为两个阶段。第一阶段：对每一个时间步的网络切片分别进行社团发现。第二阶段：将当前时间切片的社团发现结果与上一时间切片的社团发现结果按照一定的相似性规则进行匹配，从而得出社团的演化过程。该方法将动态网络的社团发现转化为了传统的静态网络社团发现问题，第一阶段可以根据不同的数据背景选择合适的算法，第二阶段可以根据社团的结构（Structural）和社团的语义（Semantic）等维度的相似性指标，匹配不同切片中的社团。该类方法不但可以根据实际网络在两步中选择合适的方法进行组合，而且可以处理重叠和非重叠的社团发现。例如 Wang 等人[1]利用节点的结构特征、点权等信息评估出社团内核心节点，然后利用社团的核心节点匹配每个独立切片网络中的社团。孙扬等人[2]利用经典 Louvain 算法对每个网络切片划分社团，然后对相邻切片划分的社团两两计算相关矩阵，进而匹配和判别社团演化事件。彼得·布罗德卡（Piotr Bródka）等人[3]采用"群体演化发现"（Group Evolution Discovery，GED）方法，考虑了社团节点的质量（Social Position）和数量，计算出社团间的包容性（Inclusion），根据此指标匹配相邻网络切片的社团。该类算法的优点是思路简单、灵活，本质是在以往对静态网络社团划分后增加了网络切片的匹配问题，将动态网络的

---

1 Wang Y, Wu B, Du N. Community Evolution of Social Network: Feature, Algorithm and Model[J]. ArXiv Preprint ArXiv:0804.4356, 2008.
2 Sun Y, Tang J, Pan L, et al. Matrix Based Community Evolution Events Detection in Online Social Networks[C]. 2015 IEEE International Conference on Smart City/SocialCom/SustainCom (SmartCity). IEEE, 2015: 465–470.
3 Bródka P, Saganowski S, Kazienko P. GED: The Method for Group Evolution Discovery in Social Networks[J]. Social Network Analysis and Mining, 2013, 3(1): 1–14.

社团发现问题转化为静态网络中的社团匹配问题，能够适用于多种类型的网络。但是此类方法在匹配前后网络切片的社团时，如果相邻切片网络社团发现的结果变化较大，则匹配起来误差大、难度高[1]，并且在当前网络切片社团发现的过程中，没有考虑到历史网络的信息，每次都要重新对整个网络进行计算，计算过程存在大量的重复性，计算成本较高。

（二）基于历史的社团发现算法

基于历史的社团发现算法，包括针对网络切片序列数据的增量社团挖掘（Incremental Community Detection）、同步社团挖掘（Simultaneous Community Detection）和基于时态网络作为输入数据的动态社团发现算法。

增量社团挖掘算法在一定程度上兼顾了以往时刻网络切片的信息，适合处理网络结构相对比较稳定的动态网络。该类算法认为，在社团结构的动态演化中，一定时间间隔内出现剧烈改变的可能性很小，因此当前时刻的网络社团结构，一定程度上是依赖于前一时刻甚至前几个时刻中的社团结构。例如，何嘉林和陈端兵[2]将当前时刻网络切片中和上一时刻切片中连边情况相同的节点，按照一定的规则，压缩为一个新节点并替换原有节点，然后对改造后的网络切片采用 Blondel 算法划分社团，最后再将压缩节点还原。尚家兴等人[3]借助机器学习的方法，增加了分类器来判断网络中新增节点或连边有变化的节点及其邻居节点是否需要重新划分社团，从而只通

---

[1] Azaouzi M, Rhouma D, Romdhane L B. Community Detection in Large-Scale Social Networks: State-of-the-Art and Future Directions[J]. Social Network Analysis and Mining, 2019, 9(1): 1–32.

[2] He J, Chen D. A Fast Algorithm for Community Detection in Temporal Network[J]. Physica A: Statistical Mechanics and Its Applications, 2015, 429: 87–94.

[3] Shang J, Liu L, Li X, et al. Targeted Revision: A Learning-Based Approach for Incremental Community Detection in Dynamic Networks[J]. Physica A: Statistical Mechanics and Its Applications, 2016, 443: 70–85.

过对局部的修改便能得到当前网络切片的社团发现结果，降低了算法的时间复杂度。赵中英等人[1]首先检测网络初始状态下的社团结构，然后在后续时刻查找网络的增量，根据新增节点的类型（例如新增节点构成了完全独立的联通集团，或是新增节点被包含在以往某个社团内等），决定社团结果的更新策略，同时该算法还引入了边权的时间衰退效应，以调整历史信息对当前网络社团发现的影响程度。王志晓等人[2]提出了面向重叠社团发现的 DOCET 算法，同样是借助核心节点和拓扑结构，根据在时序网络切片中的增量变化更新节点社团发现结果。

同步社团发现算法是针对所有时刻的网络切片同时进行社团发现算法，其基本思想是通过耦合网络检测社团结构。例如通过在不同时刻网络切片中耦合相同节点之间的边，将所有的时间切片重新建构为一个新的网络，也就是将所有的时间切片之间通过加边的方式绑定为一个单独的网络，然后在此网络上进行经典的社团发现算法[3]。托马斯·艾诺（Thomas Aynaud）和让‒卢·纪尧姆（Jean-Loup Guillaume）[4]通过新定义一个平均模块度来修改 Louvain 算法，以达到在网络切片中识别出长期存在的社团的目标。比瓦斯·米特拉（Bivas Mitra）等人[5]在引文网络数据中，按照作者文章发布时间和引用等关系，重新建构出一个合并网

---

1 Zhao Z, Li C, Zhang X, et al. An Incremental Method to Detect Communities in Dynamic Evolving Social Networks[J]. Knowledge-Based Systems, 2019, 163: 404–415.
2 Wang Z, Li Z, Yuan G, et al. Tracking the Evolution of Overlapping Communities in Dynamic Social Networks[J]. Knowledge-Based Systems, 2018, 157: 81–97.
3 Jdidia M B, Robardet C, Fleury E. Communities Detection and Analysis of Their Dynamics in Collaborative Networks[C]. 2007 2nd International Conference on Digital Information Management. IEEE, 2007: 744–749.
4 Aynaud T, Guillaume J-L. Static Community Detection Algorithms for Evolving Networks[C]. 8th International Symposium on Modeling and Optimization in Mobile, Ad Hoc, and Wireless Networks. IEEE, 2010: 513–519.
5 Mitra B, Tabourier L, Roth C. Intrinsically Dynamic Network Communities[J]. Computer Networks, 2012, 56(3): 1041–1053.

络，实现了对不同时刻网络关系的耦合，最后利用静态社团发现算法实现在合并网络中识别社团结构。虽然这类算法依旧需要先采用切片的方式切割数据，并且在建构不同切片网络的关联上计算成本高于前两类算法，但是其优点是在社团发现时所有时刻的切片被同时考虑，社团划分结果的一致性得到最大限度地保留。

基于时态网络的动态社团发现算法，不需要对网络进行切片，而是在每次网络中节点和边发生变化后，根据一定的规则，更新和调整节点的社团划分结果，保证了动态网络社团的连续性。李静永等人[1]通过考察时态网络中边的变化，在每一个时刻对变动边所连接的点重新评估社团，根据点的所有邻居所属于的社团情况判定该点的新社团，评估机制非常简单。朱利奥·罗塞蒂（Giulio Rossetti）等人[2]基于时态网络提出了Tiles算法，根据每个时刻网络中的变化，对网络使用标签传播（Label Propagation）的思想重新评估变化相关的节点及其邻居节点的社团关系。阮（Nam P. Nguyen）等人[3]针对时态网络中的重叠社团发现问题提出了AFOCS算法，该算法在初始时会识别网络中内部密度大于一定程度的小社团，并将高度重合的紧密社团合并，在此基础之上再根据时态网络的实时变化更新节点的社团划分结果。苏阿德·布德布扎（Souâad Boudebza）等人[4]基于派系过滤（Clique Percolation）和标签传播的方法

1　Li J, Huang L, Bai T, et al. CDBIA: A Dynamic Community Detection Method Based on Incremental Analysis[C]. 2012 International Conference on Systems and Informatics (ICSAI2012). IEEE, 2012: 2224–2228.
2　Rossetti G, Pappalardo L, Pedreschi D, et al. Tiles: An Online Algorithm for Community Discovery in Dynamic Social Networks[J]. Machine Learning, 2017, 106(8): 1213–1241.
3　Nguyen N P, Dinh T N, Tokala S, et al. Overlapping communities in dynamic networks: their detection and mobile applications[C]. Proceedings of the 17th annual international conference on Mobile computing and networking. 2011: 85–96.
4　Boudebza S, Cazabet R, Azouaou F, et al. OLCPM: An Online Framework for Detecting Overlapping Communities in Dynamic Social Networks[J]. Computer Communications, 2018, 123: 36–51.

提出了 OLCPM 算法，先发现网络中的核心社团，再通过标签传播标注外围节点，该算法在处理网络中的变化时，会根据是节点还是边的变化，按照不同的规则更新社团结果。该类算法虽然能保证社团发现的连贯性，但是时态网络要面临的网络变动量是巨大的，所以基于时态网络的社团发现算法很难在每一步更新时使用较为复杂的算法。除此之外，由于每一步的社团结果都是建立在前一步的结果之上，该类算法不能保证最终得到的社团发现结果是全局角度的最佳结果。

整体而言，基于历史的社团发现算法更适用于结构相对稳定的动态网络，能够较好地利用前一时刻甚至前几个时刻网络切片中的历史信息，保持社团的连贯性。该类算法虽然比独立的社团发现算法在社团划分这一步更复杂，但是该类算法将前一时刻的结果作为输入数据来识别当前时刻的社团，避免了不同时刻网络切片间的社团匹配的问题。与此同时，在大规模网络中，该类算法能够有效降低计算成本，更适合当前大数据环境下的在线社会网络的研究。

社团发现结果的稳定性和可靠性会影响后续对于动态社团演化事件的判定和预测。因此，在社团发现阶段，应该尽可能地保证结果的稳定性和可靠性。需要注意的是，在动态网络的社团发现算法中，如果使用切片数据，在将网络按照时间窗口的切分时，切片策略会直接影响到后期社团发现和演化的研究结果。时间窗口切分方式可以分为按照等时间长度切分，按照每个时间窗口具有等量的关系数进行切分，以及根据数据的具体背景按照任意长度进行切分。斯坦尼斯瓦夫·萨加诺夫斯基（Stanisław Saganowski）等人[1]指出网络切片可以分为互斥的（Disjoint）、重叠的（Overlapping）和累积的（Increasing），在切分网络过程中，应

---

1 Saganowski S, Bródka P, Koziarski M, et al. Analysis of Group Evolution Prediction in Complex Networks[J]. PloS One, 2019, 14 (10): e0224194.

该注意：(1) 对于变化较快较大的网络，建议采用重叠的时间窗口，通常采用 30% 的偏移量以保证能获取到足够的时间窗之间的连续事件（例如连边变化）；(2) 窗口大小应该和实际数据的背景相结合；(3) 如果研究的对象是持续存在的社团，建议采用累积的时间窗口，尽量保存网络的持续性和增长性的事件；(4) 在处理相对稠密并且节点间的关系会反复出现的网络时，可以尝试使用互斥的时间窗口来降低计算量；(5) 在设计时间窗口的类型和大小时，可以通过多次尝试以达到最佳的切分结果。

二、动态社团演化

社团的动态发展是网络科学尤其是社交网络分析的一个重要领域，关注的是特定群体如何随时间变化[1]。例如在知识网络中，社团的动态发展意味着知识领域的演化，可以代表甚至预示着知识领域的发展方向。如表 2.1 所示，格格利·帕拉（Gergely Palla）等人[2]将网络演化事件总结为生长（Growth）、萎缩（Contraction）、合并（Merging）、分裂（Splitting）、出生（Birth）和死亡（Death）。这一归纳被许多学者沿用[3]，也有学者对此模型进行了进一步的补充。例如，雷米·卡扎贝特（Rémy Cazabet）和朱利奥·罗塞蒂（Giulio Rossetti）[4]提出了社团的复活（Resurgence）；艾蒂安·盖尔·塔赫纳（Etienne Gael Tajeuna）等人[5]都使用了社团的

---

1 Saganowski S, Bródka P, Kazienko P. Community Evolution[J]. ArXiv Preprint ArXiv:1605.00069, 2016.
2 Palla G, Barabási A-L, Vicsek T. Quantifying Social Group Evolution[J]. Nature, 2007, 446(7136): 664–667.
3 参见 Shang J, Liu L, Li X, et al. Targeted Revision: A Learning-Based Approach for Incremental Community Detection in Dynamic Networks[J]. Physica A: Statistical Mechanics and Its Applications, 2016, 443: 70–85.Zhao Z, Li C, Zhang X, et al. An Incremental Method to Detect Communities in Dynamic Evolving Social Networks[J]. Knowledge-Based Systems, 2019, 163: 404–415.
4 Cazabet R, Rossetti G. Challenges in Community Discovery on Temporal Networks[M]. Temporal Network Theory. Springer, 2019: 181–197.
5 Tajeuna E G, Bouguessa M, Wang S. Tracking Communities over Time in Dynamic Social Network[C]. International Conference on Machine Learning and Data Mining in Pattern Recognition. Springer, 2016: 341–345.

持续（Continue/Stable）这一概念；卡维·卡德霍达·穆罕默德·莫萨费里（Kaveh Kadkhoda Mohammadmosaferi）和哈桑·纳德里（Hassan Naderi）将社团演化过程进一步细化，新增了合并且增长（Merge and Grow）、部分合并（Partial Merge）、部分合并且增长（Partial Merge and Grow）、分裂且增长（Divide and Grow）和部分存活且生长（Partial Survive and Grow）[1]。

实际上，社团演化事件通常只是为了描述网络切片中社团的一些发展状态，并不适合用来描述精细时间粒度下的网络复杂动态[2]。在具体的判定过程中，阈值的设定会严重影响演化结果的判定，例如，很多算法通过计算相邻网络切片中各个社团间的相似性，来决定两个社团是否匹配。具体而言，假若 t 时刻的两个社团各自流失了小部分节点，这些节点在 $t+1$ 时刻组成了新社团，如果判定社团匹配的相似性阈值设置较高，则新社团会被判定为出生（Birth），反之该社团将被视为由前一时刻两个社团部分合并（Partial Merge）而来。

表2.1 社团演化事件归纳

社团演化事件	释义	示意图
生长（Growth）	社团获得新的节点，社团规模增大	t时刻 → $t+1$时刻

---

[1] Mohammadmosaferi K K, Naderi H. Evolution of Communities in Dynamic Social Networks: An Efficient Map-Based Approach[J]. Expert Systems with Applications, 2020, 147: 113221.
[2] Cazabet R, Rossetti G. Challenges in Community Discovery on Temporal Networks[M]. Temporal Network Theory. Springer, 2019: 181–197.

续表

社团演化事件	释　义	示意图
萎缩（Contraction/Shrink）	社团原本的节点流失，社团规模减小	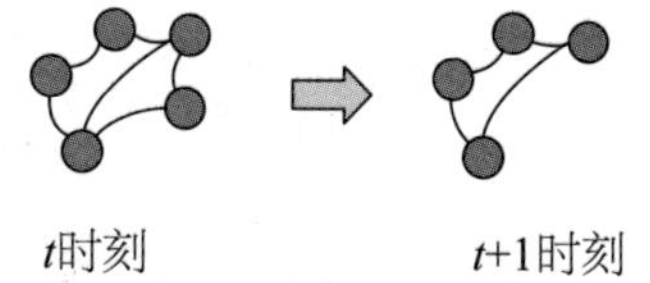 t时刻　→　$t+1$时刻
合并（Merging）	两个或多个社团合并为一个新的社团	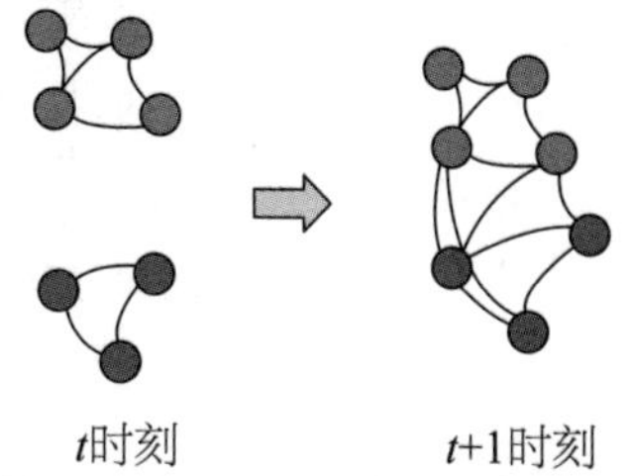 t时刻　→　$t+1$时刻
分裂（Splitting）	一个社团分成了两个或者多个新的社团	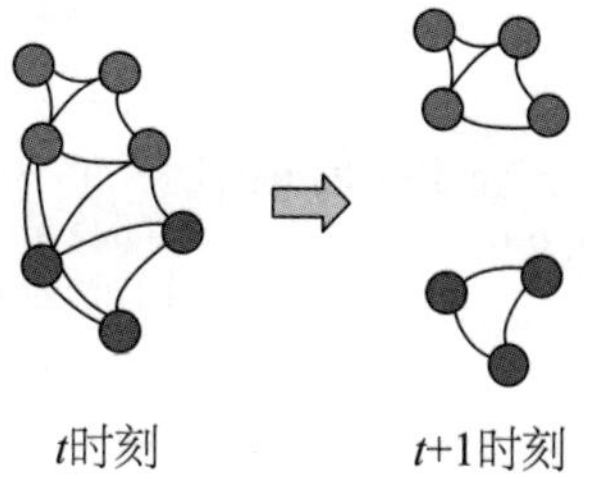 t时刻　→　$t+1$时刻
出生（Birth/Form）	上一个时刻无关联的节点组成的新社团	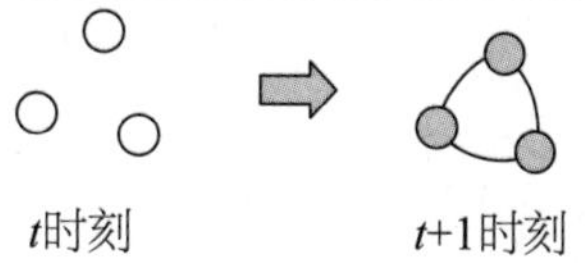 t时刻　→　$t+1$时刻
死亡（Death/Dissolve）	社团消失，此社团的所有节点不再有关系	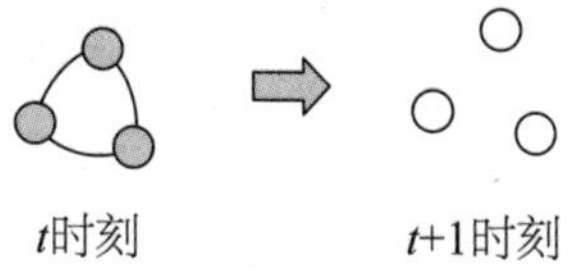 t时刻　→　$t+1$时刻
持续（Continue/Stable）	社团中的节点与上一时刻相同	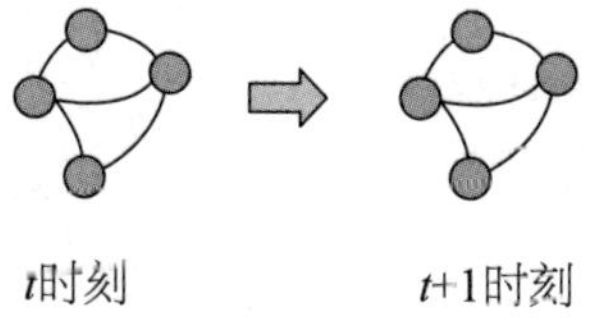 t时刻　→　$t+1$时刻

第二章　计算传播学视角下的在线知识传播研究路径

续表

社团演化事件	释义	示意图
复活（Resurgence）	社团消失一段时间后再次出现	t时刻　$t+1$时刻　$t+n$时刻
合并且增长（Merge and Grow）	上一时刻的多个社团，合并为当前时刻的一个社团，且当前时刻此社团还包含新节点	t时刻　$t+1$时刻
部分合并（Partial Merge）	上一时刻的多个社团，每个社团中的一部分节点合并为当前时刻的社团	t时刻　$t+1$时刻
部分合并且增长（Partial Merge and Grow）	上一时刻的多个社团，每个社团中的一部分节点合并为当前时刻的一个社团，且当前时刻此社团还包含新节点	t时刻　$t+1$时刻
分裂且增长（Divide and Grow）	上一时刻的一个社团，在当前时刻分裂为多个社团，且分裂后的社团还有新的节点加入	t时刻　$t+1$时刻

续表

社团演化事件	释 义	示意图
部分存活且生长（Partial Survive and Grow）	上一时刻某个社团中的一部分节点，在当前时刻仍然存活为一个社团，且该社团中有了新节点加入	t时刻 → $t+1$时刻

探究网络的社团结构及其演化过程，有助于认识和发现实际网络中事物的关联和发展规律。合作行为建立了个体之间的关联网络，个体与所在社团内外其他个体的合作行为，推动了社团和网络结构的动态演化[1]。阿提拉·瓦尔加（Attila Varga）[2]建立了1950—2018年Web of Science中SCI期刊引文网络，发现学科之间的距离越来越短，学科之间的交叉现象更加明显。查克雷什·辛格（chakresh singh）和希瓦库玛·约拉德（Shivakumar Jolad）[3]通过建立印度物理学家1970—2013年间的合作网络，追踪合作社团的规模变动，探究了印度物理学家与外国物理学家在不同期刊上的合作关系，并找出了每个时期最有影响力的作者。马丁·阿兹米勒（Martin Atzmueller）等人[4]研究了面对面接触网络中群体形成和演化，描述了在一个会议过程中个体交流群组的演化，并发现

1　Wang R, Rho S. Dynamics Prediction of Large-Scale Social Network Based on Cooperative Behavior[J]. Sustainable Cities and Society, 2019, 46: 101435.
2　Varga A. Shorter Distances between Papers over Time Are Due to More Cross-Field References and Increased Citation Rate to Higher-Impact Papers[J]. Proceedings of the National Academy of Sciences, 2019, 116(44): 22094–22099.
3　Singh C K, Jolad S. Structure and Evolution of Indian Physics Co-Authorship Networks[J]. Scientometrics, 2019, 118(2): 385–406.
4　Atzmueller M, Ernst A, Krebs F, et al. Formation and Temporal Evolution of Social Groups during Coffee Breaks[M]. Big Data Analytics in the Social and Ubiquitous Context. Springer, 2015: 90–108.

群组规模的分布在茶歇，会议和空闲时间差异明显。齐金山等人[1]发现，社会网络中节点的出现和消失频繁程度会影响社团稳定性以及社团结构的演化。社团结构的演化作为动态网络中的重要特性，对于网络的生存发展和网络中信息的传播等都具有重要的研究价值。但是目前关于动态社团的研究中，更多集中于如何提出更有效的动态社团发现算法，对社团演化问题关注还不足够。实际上，无论是引文网络，还是社交网络，随着数据可得性的提高，对网络性质和特征的探究还可以被进一步挖掘。

对当前时刻社团结构的分析和对下一时刻结构的预测，是社团演化研究的主要目标[2]。许多学者致力于提出可靠性和可行性更强的社团演化预测算法，例如纳吉汗·伊尔汗（Nagehan Ilhan）[3]提出一种特征子集提取算法，能够通过检测网络和社团的特征，匹配不同时间网络切片的社团，并寻找出能有效预测社团演化的最少特征。在动态网络社团演化预测的问题中，社团的生命周期是一个重要话题，例如 S. 卡蒂卡（S. Karthika）和吉萨（Geetha R）[4] 提出了 Communalyzer 算法，能够检测网络的局部社团和全局社团，并且以维基百科的用户数据为例，使用该算法刻画了社交网络中社团的出生、合并、增长、缩减、分裂和死亡的生命周期。格格利·帕拉等人[5]利用派系过滤算法（Cluster Percolation

---

1　齐金山，梁循，张树森，等 . 在线社会网络的动态社区发现及其演化 [J]. 北京理工大学学报，2017，37（11）：1156–1162.
2　Wang R, Rho S. Dynamics Prediction of Large-Scale Social Network Based on Cooperative Behavior[J]. Sustainable Cities and Society, 2019, 46: 101435.
3　Ilhan N, Öğüdücü Ş G. Feature Identification for Predicting Community Evolution in Dynamic Social Networks[J]. Engineering Applications of Artificial Intelligence, 2016, 55: 202–218.
4　Karthika S, Geetha R. Communalyzer—Understanding Life Cycle of Community in Social Networks[M]. Innovations in Computer Science and Engineering. Springer, 2019: 197–204.
5　Palla G, Barabási-AL, Vicsek T. Quantifying Social Group Evolution[J]. Nature, 2007, 446(7136): 664–667.

Method，CPM）划分了科学家合作网络和通话网络，探究了社团的稳定性与社团生存能力的关联，该研究发现规模大的社团如果社团内的变动较大则能维持更长的生命周期，而规模小的社团则需要更高的稳定性才能维持更长的生命周期。马克·戈德堡（Mark Goldberg）等人[1]发现，在社团演化过程中，社团的早期状态对社团的生命周期影响显著，早期密集、小型、稳定的社团可以生存更久。当前社交网络、线上问答平台、电商网络等平台用户关系数据的可得性不断增强，其网络的社团结构也更加清晰，对动态网络社团演化的预测，无论是关注社团的演化方向还是生命周期，在当前的信息环境下，都具有极高的应用价值。

综上所述，本章探讨了传统在线知识传播在理论和方法层面取得的成果及存在的问题，进而探讨了计算传播学视角下的在线知识传播研究路径的可能性和必要性。最后，本章重点介绍并评述了计算传播学视角下的在线知识传播研究两种重要研究方法——网络文本分析方法和动态网络分析方法。在后续章节中，本书将利用上述研究方法，分别探究在线知识传播的疆域、结构与机制。

---

[1] Goldberg M, Magdon-Ismail M, Nambirajan S, et al. Tracking and Predicting Evolution of Social Communities[C]. 2011 IEEE Third International Conference on Privacy, Security, Risk and Trust and 2011 IEEE Third International Conference on Social Computing. IEEE, 2011: 780–783.

第三章 在线知识传播的知识疆域[1]

基于在线知识分享系统平台，对知识疆域的内容、结构以及演化特征的描述具有理论意义。经验性探究在线知识建构的协同效应，能够理解在线协同建构的知识特征。学术期刊和学术研究机构领衔的专业知识生产建制，其知识的生产通过所在科研机构、期刊所属学科以及学术论文的引用，呈现出建制性的协作机制。例如，大学的学术建制变化可能促进新知识的整合[2]，论文的引用关系也促进了跨学科知识生产[3]。而在线知识传播平台的知识生产与传播，则依赖于用户自创内容（如提问与回答）。在自组织的知识生产过程中，其知识疆域，即内容、结构和演化呈现何种特征？知识传播的过程是否出现了区隔（Fragmentation）趋势？知

---

[1] 注：本章部分内容已发表于论文《绘制知识版图：在线知识分享系统的知识协同建构》，见《新闻与传播研究》2021年第1期。
[2] Varga A. Shorter Distances between Papers over Time Are Due to More Cross-Field References and Increased Citation Rate to Higher-Impact Papers[J]. Proceedings of the National Academy of Sciences, 2019, 116(44): 22094–22099.
[3] Chen C. Searching for Intellectual Turning Points: Progressive Knowledge Domain Visualization[J]. Proceedings of the National Academy of Sciences, 2004, 101(suppl 1): 5303–5310.

识协作建构是否产生了新知识领域？这些是本章将要回答的问题。

第一节 什么是知识建构？

不同于"知识学习"，知识建构（Knowledge Building）是多人合作产生信息的知识协同生产过程[1]。知识建构过程使得个体头脑中的知识以及某群体中的知识转化为公共知识，具有一种"外在于经验世界、存在于知识世界"的特征。从这个意义而言，知识建构是社会群体共同目标、群体讨论以及信息整合的认知结果[2]。用户可以对公共知识加以应用、做出修正或继续推进新公共知识的创造[3]。

施塔尔（Stahl）在"知识建构"概念的基础上进而提出了"知识协同建构模型"（Collaborative Knowledge Building）。知识协同建构过程包括两个核心环节，即"个人理解（Personal Understanding）"和"社会知识建构（Social Knowledge Building）"（如图 3.1 所示）[4]。在个人理解环节，个体在公共空间内以文字的形式表达自己对知识的初步理解（Initial Belief）。这种表达受到个体的语言、社会政治、经济地位，以及个体所处的社会历史时期的影响。例如，在社会共同体中（如公司组织或线上虚拟社区），个体基于经验和已有知识提出问题，并对问题进行朴素的描述。在社会知识建构环节，个体关于知识的原始表达被后续参与者进一步论述和深

---

1 Scardamalia M, Bereiter C. Knowledge Building: Theory, Pedagogy, and Technology[M]. Citeseer, 2006.
2 Bereiter C. Liberal Education in a Knowledge Society[C]. Barry Smith. Open. Citeseer, 2002.
3 Scardamalia M, Bereiter C. Computer Support for Knowledge-Building Communities[J]. The Journal of the Learning Sciences, 1994, 3(3). 265–203. 曹俏俏，张宝辉. 知识建构研究的发展历史——理论—技术—实践的二重螺旋[J]. 现代远距离教育，2013（1）：14–22.
4 Stahl G. A model of collaborative knowledge-building[C]. Fourth international conference of the learning sciences. 2000, 10: 70–77.

入讨论（Refinement And Extensive Discussion）。信息经过社会互动（Social Interaction）、传播（Communication）、讨论（Discussion）、厘清（Clarification）以及协商（Negotiation），最终形成知识建构参与者之间的共识，产生认知人造物（Cultural Artifacts），完成社会协同建构的知识生产过程。

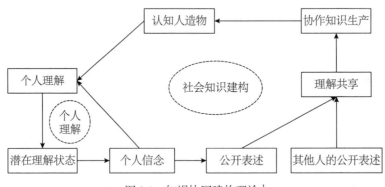

图 3.1　知识协同建构理论[1]

马什（Cress）和基默尔（Kimmerler）进一步将上述"知识协同建构理论"应用于以维基百科（Wikipedia）为代表的知识共享平台中，来描述在线知识建构过程[2]。基于在线知识分享系统的知识协同建构，已成为新媒体技术时代知识生产和传播的重要方式[3]。在线知识分享系统弥补了传统的以学校为单位的建制性知识传播，为受众提供了获取知识的机会（例如提出问题被回答和讨论的机会），以及为受众提供投入心智资源的机会（例如编辑问题标签、编辑问题），从而提高问题被回答的概率。

在线知识分享系统的知识协同建构，通过"问—答"形式，形成面向在线社群的多人参与的知识协同环境（Collaborative Authoring

---

1　Stahl G. A model of collaborative knowledge-building[C]//Fourth international conference of the learning sciences. 2000, 10: 70–77.
2　Cress U, Kimmerle J. A Systemic and Cognitive View on Collaborative Knowledge Building with Wikis[J]. International Journal of Computer-Supported Collaborative Learning, 2008, 3(2): 105–122.
3　金慧，张建伟，孙燕青. 基于网络的知识建构共同体：对集体知识发展与个体知识增长的互进关系的考察[J]. 中国电化教育，2014（4）：56–62.

Environments），是社会公众进行知识交流、共享和协同的重要途径[1]。

具体而言，首先，在"个人理解"环节，在线知识分享平台依赖于用户的提问与其他用户的协同回答。问题的提出与问题关键词的编辑，体现了个体用户对知识内容的"个人理解"。从这个意义而言，用户在知识建构中成为了积极参与者和协作生产者，而非被动的接受者[2]。

其次，在"社会知识建构"环节，用户对知识的个体理解，通过语词共现方式，经过上述社会互动、传播与协商，形成知识疆域，最终形成知识建构参与者之间的共识。在该环节，知识疆域的形成，得益于在线知识共享平台具有满足现代知识协同建构的技术特征，即开放性、增长性和有组织性[1]。开放性即平台用户可以自由开放地进行内容的浏览、讨论与生产。增长性即用户可以通过提问的方式创建新的问题和标签，从而使得系统中的知识得以快速增长。有组织性指知识共享平台中不同词条页面通过语词共现方式组织联系起来，从而促进知识协同生产。因此，基于在线知识分享系统的知识协同建构是个体和群体知识的协同演化过程[2]，实现了现代意义的知识建构。

然而，线上用户共同参与的知识协同建构，其知识疆域具有何种特征？一方面，用户的自发性（如自由提问和自愿回答）产生的知识疆域具有公共性，反映了当下参与用户的共识性认知。另一方面，缺乏线下建制性制约因素，知识疆域图景可能只是社会某一群体的公共知识，缺乏普惠性。

在在线知识分享平台诞生至今的约十年时间，既往传播学乃至社会科学领域，缺乏对基于知识协同建构所产生的知识内容特征的整体性研究。根据知识协同建构模型，对知识内容及其演化规律进行大规模分析，

---

1 潘旭伟，杨伟，王世雄，et al. 知识协同视角下 Wiki 知识网络的特性研究——以 Wikipedia 为例 [J]. 情报学报，2013, 32 (0)：017-027.
2 Harrer A, Moskaliuk J, Kimmerle J, et al. Visualizing wiki-supported knowledge building: Co-evolution of individual and collective knowledge[C]. Proceedings of the 4th International Symposium on Wikis. 2008: 1–9.

能够阐释在线知识建构的基本内容结构，分析在线知识协同生产的基本过程，及其如何反映了参与群体的共同目标以及社会认知。因此，基于知识协同建构模型，本书利用语词共现网络分析、将知识疆域通过标签共现网络进行量化。本章旨在描述，以知乎为代表的在线知识分享系统，其知识疆域（即传播内容）的内容和结构特征。

第二节 数据的收集与准备

一、数据收集

本书收集了知乎平台中 2010 年 12 月 20 日至 2019 年 1 月 9 日期间所有被回答的问题及其问题标签（N=2 067 396）。去除缺失时间的问题后，剩余问题 2 034 404 个，共包含 76 379 个标签。其中，2011—2018 年共有 1 950 487 个问题及其 71 524 个标签将原始数据按照年份划分后，每年包含问题数量和标签数量如表 3.1 所示。本书按照年份，分别建构无向标签共现网络，每个节点代表一个标签，若两个或多个标签共同出现在同一问题中，则将两个或多个标签之间两两连边。

表 3.1 历年问题数量与标签数量

年　份	问题数目	标签数目
2011—2012	10 062	9 707
2012—2013	16 092	11 123
2013—2014	33 185	17 043
2014—2015	69 484	25 364
2015—2016	144 799	34 701
2016—2017	139 748	36 807
2017—2018	243 531	43 337
2018—2019	1 356 086	66 387

二、节点去噪

本章首先对每年的标签网络进行去噪声处理。知乎作为"用户生成内容"平台,不可避免地存在大量噪声节点。本章将一年中仅出现一次的标签视为"噪声",删除了出现次数为1的节点,计算并比较了历年原始网络特征与去噪声后的网络特征。如图3.2所示,去噪声后的网络及其最大连通[1]集团的规模与原始网络的历年增长趋势一致。通过对网络集聚系数的计算发现,和同规模随机网络比,原始网络具有很强的聚集性。经过去噪声处理后,相比于原始网络,去噪声网络的集聚系数[2]更低且更稳定(如图3.3和图3.4所示),说明去噪声网络节点之间的连接关系更加清晰。

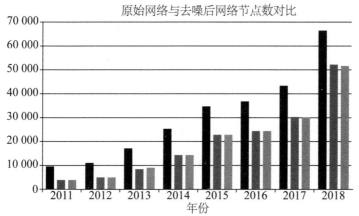

图 3.2　原始网络与去噪后网络节点数对比

1　连通图(connected graph)是指网络中的任意两个节点之间都至少存在一条路径,即网络中没有孤立节点。一个大网络可能由多个独立的连通子图组成,而在这些连通子图中,包含节点数量多的即为最大连通集团。

2　集聚系数(cluster coefficient)描述网络中节点之间聚corner的程度。网络的整体集聚系数可以通过计算网络中所有相连节点之间形成的三角形的个数(二个节点之间两两相连即形成一个三角形)与网络中所有节点间可能形成的三角形总数之比。如果一个网络中所有节点之间都两两相连,则集聚系数等于1。

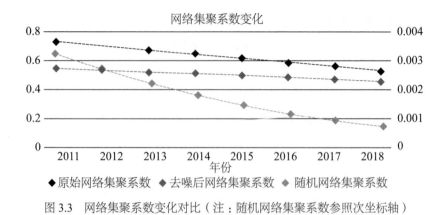

图 3.3　网络集聚系数变化对比（注：随机网络集聚系数参照次坐标轴）

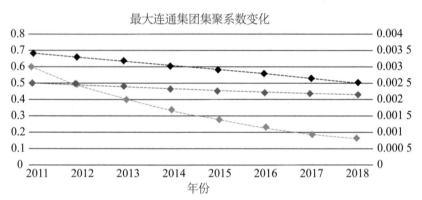

图 3.4　网络最大连通集团集聚系数变化对比
（注：随机网络最大连通集团集聚系数参照次坐标轴）

第三节　知识疆域的内容与结构特征

基于用户自发的在线协同知识建构，知识疆域的内容和结构呈现何种特征？具体而言，知识疆域呈现出何种内容特征？知识疆域呈现出何种结构特征？即从网络分析的视角来看，知识社团是否具有网络聚类特征？

本书采用了 Louvain 算法对标签网络社团结构进行划分，并对每年的标签网络进行语义识别。该算法的优化目标为最大化整个网络的模块度（Modularity）。简单而言，Louvain 算法首先针对网络中每个节点遍历该节点的所有邻居节点，衡量把该节点加入其邻居节点所属社团所带来的模块度增益。在此基础上，Louvain 算法选择对应最大收益的邻居节点，加入该节点所在社区。上述过程进行迭代，直到每一个节点的社区归属都不再发生变化[1]。利用模块度来判定社团的聚类特征。模块度是目前常用的一种衡量网络社团结构强度的方法[2]，用于描述社团内部的节点相似度较高，而社团外部节点的相似度较低的程度。其是一个介于 [0，1] 之间的取值；取值越大，说明其社团聚类特征越明显。

从表 3.2 可以看出，知识标签社团每年的模块度在 0.6 左右，可见知乎知识标签网络确实存在较为明显的社团结构，即网络聚类特征。本书对历年每个社团聚类特征（即集聚系数分布、平均直径以及平均最短路径）进行计算。如图 3.5 所示，各个社团的直径和最短路径值分布比较集中，各年间差异不大，集聚系数有下降趋势。

从知识疆域层面看来（详见表 3.8），知乎平台在过去 8 年间讨论的主要知识内容包括教育、医学—健康、生活、旅游、摄影、美食、装修—设计、汽车、互联网、职业、电商、音乐、影视、体育、游戏、

---

[1] De Meo P, Ferrara E, Fiumara G, et al. Generalized Louvain Method for Community Detection in Large Networks[C]. 2011 11th International Conference on Intelligent Systems Design and Applications. IEEE, 2011: 88–93.
[2] Newman M E. Modularity and Community Structure in Networks[J]. Proceedings of the National Academy of Sciences, 2006, 103(23): 8577–8582.

政治—历史、经济、法律、文学、自然科学等，共 21 个社团[1]。对上述社团再根据语义进行合并，大致包括以下四类知识：（1）生活知识类（教育、医学—健康、生活、旅游、摄影、美食、装修—设计、汽车）；（2）专业知识类（互联网、职业、电商）；（3）文娱知识类（音乐、影视、体育、游戏）和（4）科学知识类（政治—历史、经济、法律、文学、自然科学）。

表 3.2 Louvain 算法社团划分结果

年份	最大连通集团节点数	社团划分模块度	社团数
2011	4 055	0.59	17
2012	4 993	0.55	15
2013	8 492	0.58	17
2014	14 401	0.58	16
2015	22 776	0.58	16
2016	24 225	0.59	17
2017	29 923	0.61	18
2018	51 780	0.63	15

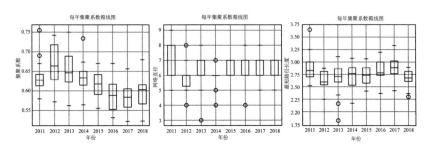

图 3.5 知识标签社团的网络聚类特征

---

1 因节点数较少，"茶文化"和"酒"社团未列入。

第四节　知识疆域的演化规律

从动态视角，知识之间的连接呈现何种演化趋势？在线知识疆域是否形成了各自领域内的紧密连接，从而使得跨领域知识的传播出现困难？或者，在线知识疆域逐渐整合融合并进而整合创新？从网络拓扑结构特征来看，知识节点间的平均距离演化，能够经验性刻画知识疆域之间的关系变化。具体而言，节点间距离变短，意味着知识生产者（例如科学家）通过跨领域合作产生知识创新，从而使得知识的区隔性（Fragmentation）变小；而节点间距离变长，则意味着知识的区隔性特征增加[1]。因此，本章将进而回答，知识疆域的演化规律具有何种特征？进一步来说，从网络分析的视角来看，知识网络随时间变化呈现出怎样的拓扑结构特征变化？知识社团间的分裂和合并，具有何种规律？

一、知识网络的拓扑结构特征演化规律

本书统计了原始知识节点网络（如表 3.3 所示）和去噪声后网络（如表 3.4 所示）的拓扑结构特征变化趋势，即网络集聚系数、最大连通集团集聚系数、最大连通集团直径以及最大连通集团平均最短路径。

表 3.3　2011—2018 年原始网络特征

年份	节点数	边数	集聚系数	最大连通集团集聚系数	最大连通集团直径
2011	9 707	41 950	0.68	0.70	10
2012	11 123	61 952	0.68	0.71	8
2013	17 043	92 547	0.66	0.68	8

---

[1] Varga A. Shorter Distances between Papers over Time Are Due to More Cross-Field References and Increased Citation Rate to Higher-Impact Papers[J]. Proceedings of the National Academy of Sciences, 2019, 116(44): 22094–22099.

续表

年份	节点数	边数	集聚系数	最大连通集团集聚系数	最大连通集团直径
2014	25 364	176 248	0.63	0.65	8
2015	34 701	342 853	0.60	0.61	8
2016	36 807	335 460	0.59	0.58	9
2017	43 337	466 588	0.55	0.56	8
2018	66 387	1 616 237	0.52	0.53	8

表 3.4 2011—2018 年去噪声网络特征

年份	节点数	边数	网络集聚系数	最大连通集团节点数	最大连通集团边数	最大连通集团集聚系数	最大连通集团直径	最大连通集团平均最短路径
2011	4 081	26 183	0.50	4 055	26 182	0.51	8	3.27
2012	5 013	44 089	0.53	4 993	44 087	0.53	7	3.00
2013	8 535	70 393	0.52	8 492	70 389	0.52	7	3.06
2014	14 466	147 435	0.51	14 401	147 433	0.51	8	3.04
2015	22 850	309 241	0.48	22 776	309 240	0.48	7	3.00
2016	24 325	301 571	0.45	24 225	301 568	0.45	8	3.11
2017	30 142	431 413	0.45	29 923	431 412	0.45	7	3.11
2018	52 077	1 578 476	0.45	51 780	1 578 473	0.45	7	2.90

由表 3.3 可知，伴随着网络规模的增长，标签网络的平均集聚系数以及最大连通集团集聚系数皆呈现出平缓下降的趋势。与此相应，从图 3.6 和图 3.7 可以看出，标签网络最大连通集团平均最短路径趋于下降；最大连通集团直径也在逐年下降。这说明，整体知识社团数量随时间发展未发生显著变化。随着节点数量的急剧增长，网络的集聚系数并未迅速下降，并且网络的直径并未上升，因此并未出现知识的区隔化趋势，但社团内部节点连接趋于紧密。

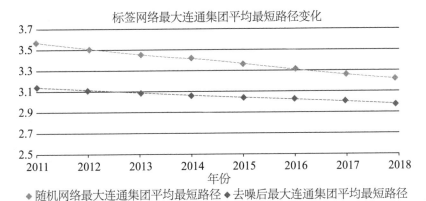

图 3.6 标签网络最大连通集团平均最短路径变化

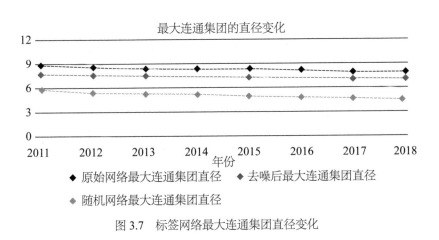

图 3.7 标签网络最大连通集团直径变化

二、知识标签网络社团间的合并与分裂

（一）网络社团变化的判定依据

如第二章所言，在社团划分算法中，社团被定义为内部连边比外部

边更加紧密的一组节点[1]。随着社团内外节点流动及节点间连边关系的变化，社团之间随之呈现出或合并或分裂的状态。社团演化的本质就是社团的出生、死亡、合并、分裂、增长和衰减的过程。根据每年社团划分结果，我们通过比较社团内外节点连接数，来进一步判定社团是否为分裂或合并。

在社团合并层面，在2011—2018年间（见表3.8），存在如表3.5所示的9次明显的社团合并现象。本书进而定义了四个指标（即Na，Nb，Kab，Mab），通过计算社团合并前后社团间连边关系的变化，来判定社团合并与分裂（如图3.8所示）。具体而言，（1）Na指A社团和B社团合并为C社团后，C社团中仍保留的A社团的节点数；（2）Nb指A社团和B社团合并为C社团后，C社团中仍保留的B社团的节点数；（3）Kab指在A社团和B社团合并前，Na所对应的节点与Nb所对应的节点之间的连边数量；（4）Mab指在社团合并后，Na所对应的节点与Nb所对应的节点之间的连边数量。在实证分析层面，如果社团A和社团B合并为社团C，则其两个社团在合并后依旧被保留下来的A社团节点和B社团节点之间的连边数量上升，即Mab>Kab。

根据该原则，我们分析了9次较为明显的社团合并过程。如表3.5所示，8次社团合并过程其Mab值均大于Kab[2]。换言之，由Kab和Mab两列可知，AB两个社团的合并一定程度上是因为AB两社团之间在下一时间点的连接更加紧密。

---

[1] De Meo P, Ferrara E, Fiumara G, et al. Generalized Louvain Method for Community Detection in Large Networks[C]. 2011 11th International Conference on Intelligent Systems Design and Applications. IEEE, 2011: 88–93.
[2] "装修—设计—摄影"社团节点较少，不具参考意义。

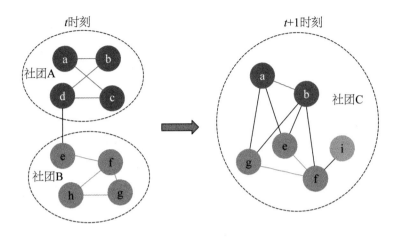

Na：节点a、b
Nb：节点e、f、g
Kab：社团A中a、b与社团B中e、f、g的之间连边数量（1）
Mab：社团C中a、b与e、f、g的之间连边数量（5）
节点i：t+1时刻新生节点

图 3.8 社团合并示意图

表 3.5 社团合并分析

合并前		合并后	Na	Nb	Kab	Mab
社团 A	社团 B	社团 C				
2011 法律—经济	2011 职业	2012 经济—法律—职业	136	59	92	235
2012 体育	2012 游戏	2013 游戏—体育	52	78	17	29
2013 影视	2013 文学	2014 影视—文学	198	374	228	442
2013 法律	2013 经济—职业	2014 经济—法律—职业	392	86	140	291
2013 装修—设计	2013 摄影	2014 装修—设计—摄影	110	49	7	5
2017 美食	2017 医学—健康	2018 医学—健康—美食	642	1 280	855	3 857
2017 文学	2017 政治—历史	2018 文学—政治—历史	553	1 132	1 141	3 798

续表

合并前		合并后	Na	Nb	Kab	Mab
社团A	社团B	社团C				
2017法律	2017经济—职业	2018法律—经济—职业	544	1 935	1 923	7 556
2017装修—设计	2017摄影—艺术	2018装修—设计—摄影	571	442	147	734

同理，我们比较了社团分裂过程中，保留在原社团C中的节点下一时间点在分裂后社团中的连边数。具体而言，Na表示C社团分裂为A社团和B社团后，A社团中仍保留的C社团的节点数；Nb表示C社团分裂为A社团和B社团后，B社团中仍保留的C社团的节点数Mab表示在A社团和B社团分裂前，Na所对应的节点与Nb所对应的节点之间的连边数量；Kab表示在社团分裂后，Na所对应的节点与Nb所对应的节点之间的连边数量。如果社团C分裂为社团A与社团B，则其两个社团在分裂后依旧被保留下来的A社团节点和B社团节点之间的连边数量下降，即Kab < Mab。表3.6展示了2011—2018年间4次明显的社团分裂。由表中Kab和Mab的值可知，Kab均小于Mab。换言之，社团的分裂受到原始社团内部连边数量降低的影响。

表3.6 社团分裂分析

分裂前	分裂后		Na	Nb	Kab	Mab
社团C	社团A	社团B				
2012影视	2013影视	2013摄影	176	31	29	31
2012经济—法律—职业	2013法律	2013经济—职业	40	227	93	136
2013游戏—体育	2014体育	2014游戏	111	133	27	48
2015装修—设计—摄影	2016装修—设计	2016摄影	504	124	116	142

在此基础上，为了更细致地研究知识网络的社团演化过程，本书将知乎平台2011—2018年的知识标签数据按照每4个月为一个时间段进行切片。同时为了增加网络切片的稳定性，本书增加了1个月的偏移量，即每两个连续的网络切片有一个月的重合时间。最终每个网络切片实际包含了5个月的数据，8年的数据共划分为了24个时间段。在每个时间段内，根据标签的共现关系建构了标签网络，最终每个网络的规模如表3.7所示。

表3.7 网络切片规模和社团划分情况

切片序号	时 间 段	节点数	边数	社团数	模块度
1	2011.1.1—2011.6.1	4 408	14 203	23	0.70
2	2011.5.1—2011.10.1	6 412	23 140	21	0.69
3	2011.9.1—2012.2.1	5 830	22 484	21	0.68
4	2012.1.1—2012.6.1	6 500	30 556	19	0.62
5	2012.5.1—2012.10.1	6 661	32 044	17	0.62
6	2012.9.1—2013.2.1	6 175	24 264	17	0.64
7	2013.1.1—2013.6.1	8 072	32 567	18	0.63
8	2013.5.1—2013.10.1	10 335	45 127	18	0.64
9	2013.9.1—2014.2.1	12 315	58 782	18	0.63
10	2014.1.1—2014.6.1	14 636	73 740	20	0.62
11	2014.5.1—2014.10.1	16 229	85 785	19	0.62
12	2014.9.1—2015.2.1	17 740	105 576	18	0.61
13	2015.1.1—2015.6.1	21 158	145 858	17	0.59
14	2015.5.1—2015.10.1	25 034	185 777	18	0.60
15	2015.9.1—2016.2.1	24 922	176 076	20	0.61
16	2016.1.1—2016.6.1	25 365	169 244	21	0.62
17	2016.5.1—2016.10.1	25 046	162 830	19	0.62
18	2016.9.1—2017.2.1	24 574	152 797	19	0.63

续表

切片序号	时　间　段	节点数	边数	社团数	模块度
19	2017.1.1—2017.6.1	26 880	184 542	23	0.63
20	2017.5.1—2017.10.1	29 753	220 668	22	0.62
21	2017.9.1—2018.2.1	39 154	436 002	18	0.61
22	2018.1.1—2018.6.1	52 526	919 343	18	0.61
23	2018.5.1—2018.10.1	53 500	899 155	18	0.65
24	2018.9.1—2019.1.9	39 164	528 796	18	0.64

对于每个网络切片，本书采用 Louvain 算法对标签网络进行社团发现。在网络划分的过程中，偶尔会出现一些小社团，相对于其他社团的平均规模，这些小社团包含的标签数量过少，难以被视为知识主题或者知识领域。因此，为了更清晰地展现知识领域，本书将规模小于 20 的小社团合并到与其连边最紧密的邻居社团中。最终，每个网络切片的社团数量基本稳定在 17～22 之间。由表 3.7 的结果可以看出，标签网络模块度均值为 0.63 左右，较为稳定，说明社团结构在各个时期都较为明显。

网络社团演化事件可以分为生长（Growth）、萎缩（Contraction）、合并（Merging）、分裂（Splitting）、出生（Birth）和死亡（Death）[1]。在本书中，对于社团演化事件的判定采用的是彼得·布罗德卡（Bródka P）等人[2]提出的 GED（Group Evolution Discovery）方法，GED 方法是在兼顾考虑了社团节点的数量和质量的情况下，计算出社团间的包容性（Inclusion）的指标（如公式 4.1 所示），然后根据此指标匹配不同时刻网络切片下的社团。具体而言，节点数量考虑的是两个社团之间交集的数量，即，在对 t_1、t_2 时刻的网络切片 S_1、S_2 做社团匹配时，首先要考

---

[1] Palla G, Barabási A-L, Vicsek T. Quantifying Social Group Evolution[J]. Nature, 2007, 446(7136): 664–667.
[2] Bródka P, Saganowski S, Kazienko P. GED: The Method for Group Evolution Discovery in Social Networks[J]. Social Network Analysis and Mining, 2013, 3 (1): 1–14.

虑 S_1 中的社团 A 和 S_2 中的哪个社团的相同节点更多，则哪个社团更有可能由 A 社团发展而来。从节点的质量而言，如果两个时刻的两个社团中，最重要的节点是同一批节点，那么这两个社团很有可能是相匹配的社团。彼得·布罗德卡（Bródka P）等人用社会位置（Social Position，SP）来刻画节点的质量，SP 的衡量可以根据实际网络的情况选择合适的指标进行计算，例如使用度中心性、介数中心性、page-rank 值等，本书中采用的是节点的 k-shell 值。两个不同切片中的社团 C_1 和 C_2 之间的包容性 $I(C_1, C_2)$ 计算公式如公式（4.1）所示，左半部分衡量的是 C_1 和 C_2 之间的节点重合度，公式的右半部分考察的是重合节点的质量匹配情况，$SP_{C_1}(x)$ 代表的是节点 x 在 C_1 社团中的 SP 得分。通过这一公式，可以将 S_1 中的社团 C_1 与 S_2 中的所有社团都进行一次计算，从而得到 S_2 中和 C_1 最匹配的社团；同时，对于 S_2 中的一个社团 C_2，也可以计算其与 S_1 中每个社团的包容度，最终根据 $I(C_1, C_2)$ 和 $I(C_2, C_1)$ 的大小情况以及两个社团自身的规模共同判断两个社团的演化关系。

$$I(C_1, C_2) = \frac{|C_1 \cap C_2|}{C_1} \cdot \frac{\sum_{x \in C_1 \cap C_2} SP_{C_1}(x)}{\sum_{x \in C_1} SP_{C_1}(x)} \quad (4.1)$$

（二）知识标签网络社团演化规律

根据上述社团合并与分裂的判定标准，如表 3.8 所示，知乎平台 2011—2018 年知识标签网络呈现出以下社团演化规律。

第一，大部分社团呈现出比较稳定的结构。以下社团出现于 2011—2018 年，具有较强的稳定性："医学—健康""体育""游戏""政治—历史""教育""生活""互联网"和"汽车"。

第二，在知识社团内部，知识内涵也在不断变化。例如在"教育"社团中，2015 年后"留学"和"考研"相关的标签数量不断上升，特别是 2017 年出现了大量的国外高校名称。在"医学—健康"社团内，"美

表 3.8 知识疆域的内容特征

年份																
2011	旅游 199	医学—健康 575	体育 83	游戏 247	音乐 154	影视 170	文学 151	政治历史 213	教育 265	生活 362	计算机 216	互联网 601	法律经济 302	职业 156	装修—设计 228	摄影 62	汽车 71	
2012	旅游 160	医学—健康 668	体育 222	游戏 84	音乐 236	影视 339	文学 202	政治历史 491	教育 326	生活 554		互联网 857	经济—法律—职业 672		装修—设计 55	汽车 121		
2013	旅游 555	茶文化 21	医学—健康 874	游戏—体育 313		音乐 423	影视 687	文学 290	政治历史 767	教育 783	生活 797	电商 331	互联网 1159	法律 159	职业 684	装修—设计 213	摄影 88	汽车 348
2014	旅游 785	酒 49	医学—健康 1577	体育 363	游戏 328	音乐 567	影视—文学 1544		政治历史 1149	教育 1147	生活 1381	电商 392	互联网 1919	经济—法律—职业 1587		装修—设计 723		汽车 321 自然科学 569
2015	旅游 1366		医学—健康 1882	体育 461	游戏 590	音乐 823	影视—文学 2432		政治历史 2249	教育 1894	生活 2148	电商 809	互联网 3435	法律 569	职业 994	装修—设计—摄影 1137		汽车 664 自然科学 1323
2016		美食 1137	医学—健康 2134	体育 585	游戏 1202	音乐 837	影视—文学 2094		政治历史 2435	教育 2135	生活 2322	电商 907	互联网 2646	法律 674	职业 1831	装修—设计 905	摄影 228	汽车 692 自然科学 1461
2017	旅游 1050	美食 947	医学—健康 2096	体育 1207	游戏 1797	影视—音乐 2826		文学 792	政治历史 2110	教育 2695	生活 2725	电商 1106	互联网 3347	法律 712	职业 2398	装修—设计 840	摄影 745	汽车 862 自然科学 1668
2018	旅游 1386	医学—健康—美食 4514	体育 904	游戏 3062	影视—音乐 5448		文学—政治历史	教育 4891	生活 5174	电商 1727	互联网 5145	经济—法律—职业 7911		装修—设计—摄影 2387		汽车 1356 自然科学 3926		

容""护理"等相关标签自2013年开始出现上升趋势。在"文学"社团中,2011年大部分标签主要围绕文学名著,自2013年起,网络文学开始发展,该社团中出现了越来越多的网络文学作品和作家。"影视"社团起初以国外电影作品为主,自2013年起国产电视剧数量不断增多,随着视频网站的出现,国产电视剧、电影、网络综艺都占据了相当的数量。

第三,知乎平台出现了社团间的合并现象。以"音乐—影视—文学—政治—历史"的演化趋势为例。在早期,"音乐""影视""文学""政治—历史"分别各自独立。2014—2016年,影视和文学出现了社团合并趋势,这体现了当时影视—文学"IP化"倾向。网络文学的发展和IP改编的热潮(2015年被认为是IP元年[1]),使得"文学""影视"社团之间的边界逐渐打破,社团间的联系更加紧密。而IP热潮过后,2017—2018年,"影视"和"音乐"社团合并;"文学"逐渐与"政治—历史"社团合并。其主要原因为文学社团中,历史类文学元素占比不断提高(例如"三国演义""李白""中国古典文学"等与历史结合比较紧密的标签出现次数较高)。此外,"健康"在"医学"社团逐渐与"美食"社团合并。这说明,人们的"健康"观念,不仅停留于疾病治疗层面,而更进一步转向对饮食等健康生活方式的全方位追求。与此同时,伴随着人们健康理念的更新,在线知识传播平台也不乏以"美食""健康"为标签的营销内容。

第四,知乎平台有些知识标签社团出现了不断的合并与分裂,例如"法律—经济"社团与"职业"社团、"装修—设计"与"摄影"社团、"体育"与"游戏"社团。从表3.5和表3.6可以看出,造成社团不断合并与分裂的原因,主要是社团内外连边结构不稳定导致的"数据导向",其主要表现为K_{ab}与M_{ab}差值不大(例如表3.6显示,"经济—法律—

---

[1] 科技日报:《互动娱乐进入IP元年》,2015年11月,http://m.haiwainet.cn/middle/456291/2015/1102/content_29313016_1.html,2020年1月15日。

职业"社团分裂为"法律"和"经济—职业"社团,但 Kab 与 Mab 差值较小)。社团结构的不稳定导致社团划分出现不断分合趋势。从这个意义而言,"体育—游戏"社团、"经济—法律—职业"社团,以及"装修—设计—摄影"社团各自的分裂与合并,并不具有理论层面的社团演化意义。上述社团间的分合变化,说明社团各自内的子社团界限较为模糊。

为了清晰地展示出不同时刻下社团的发展状态,本书使用软件 Gephi 制作了如图 3.9 所示的社团演化图。在这张图中,每个点代表一个社团,点上的标签展示的是该社团的名称,社团名称由研究者通过对该社团标签进行人工识别并总结得出;节点的颜色由浅到深代表了该社团所属的网络切片时间段,浅色代表其来自早期的网络切片,深色反之;节点的大小代表了该社团所包含的标签数量的多少。节点之间的连边代表了社团的演化关系,如果 t_1 时刻的节点 A 仅和 t_2 时刻的节点 B 相连,则代表了 t_1 时刻的社团 A 在 t_2 时刻发展为社团 B;如果 t_1 时刻的节点 A 和 t_2 时刻的节点 B、节点 C 相连,则代表社团 A 在 t_2 时刻分裂为社团 B 和社团 C。

扫码看高清彩图

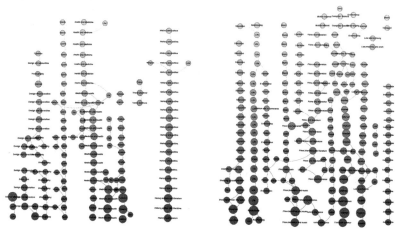

图 3.9 社团演化图

通过对24个网络切片的社团可视化结果可以发现，首先，在知识平台存在着一些主流的、稳定的社团，尤其是在平台发展的后期，知识领域的划分已经基本稳定。从社团演化图中可以观察到,例如"生活""体育""教育""历史—政治""音乐"等社团，这些社团作为和日常生活息息相关的知识领域,属于受众在获取和分享知识时较为"刚需"的知识，因此它们在平台建立的早期就已经存在，并且随着时间的推延稳定发展，持续存在。

其次，部分社团之间存在明显的分裂和合并关系，这些演化是社会大环境对知识发展产生的影响。例如大约在平台成立初期，尤其是2011—2013年这一时间段内，"互联网""计算机科学""移动互联网""电子商务""游戏"等社团之间节点流动较大，各个社团之间关联紧密，正处于一个社团领域发展的探索期，直到2014年左右才逐渐发展为一个稳定的"互联网"社团，这也和国内互联网行业发展状况息息相关。再如，教育社团后期分裂出一个讨论"出国留学"的子社团，可见随着经济水平的发展和人们对教育重视性的提高，人们对教育的关注核心已经不再局限于"基础教育"等话题，"出国留学"等话题受到越来越多的关注和讨论。在"文学"和"影视"社团的发展中，可以发现从2015年开始两个社团出现了明显的多次合并和分裂，说明两个社团的关联变得更加复杂和紧密。从社会环境来看，从被称作"IP元年"的2015年开始，IP改编的影视作品大量出现，IP受到热捧，因此许多概念既属于文学作品，又属于影视作品。因此，IP改编的流行导致了文学社团和影视社团之间出现了更多的关联。

最后，社团之间的演化图不但反映了不同知识领域之间的发展关系，还能通过社团规模的发展速度反映出当前人们更关注的知识领域。例如"互联网""生活""自然科学""医疗健康"社团相对于其他社团而言，其自身节点增加的速度较快,反映了社会知识领域发展的状态和趋势。例如"生活"和"医疗健康"两个社团的快速发展,反映的是在日常生活中,随着经济水平和文化素养的提高,人们更注重"自我",关注自身的生活和健康,所以对这方面的知识有更多的诉求和讨论。

第五节 节点的生成、死亡与生存机制

在微观标签节点层面,线上用户共同参与的知识协同建构,其知识节点具有怎样的演化机制呢?复杂网络视角认为,在线知识分享系统的知识节点的演化过程,主要为新的知识信息择优连边的过程[1]。以知乎为代表的在线知识分享系统,其知识生成的基本机制是什么?微观来看,知识节点的生成、消亡和生命周期具有怎样的规律?进一步来说,标签节点的生成机制是什么?死亡的标签节点具有何种特征?不同生命周期的标签节点具有何种特征?

一、节点的生成机制

在知识网络演化的微观层面,本书借鉴了陈超美等人基于论文引用网络挖掘重要知识关联的可视化方法——Pathfinder Network Scaling 方法(下称 Pathfinder 方法)[2],对历年的标签共现网络按照时间演化过程进行合并,通过可视化呈现将具有 7 万余个节点的网络图进行简化和可视化呈现,从而探究关键节点在 2011—2018 年间的生成规律。Pathfinder 是一种"过程建模"算法,最早被认知心理学家用来捕捉概念之间的显

---

[1] Wilkinson D M, Huberman B A. Cooperation and quality in wikipedia[C]. Proceedings of the 2007 international symposium on Wikis. 2007: 157–164.
[2] Chen C. CiteSpace II: Detecting and Visualizing Emerging Trends and Transient Patterns in Scientific Literature[J]. Journal of the American Society for Information Science and Technology, 2006, 57(3): 359–377.

著关联[1]；后被陈超美等人应用到论文共引网络中[2]。实际上，Pathfinder方法是由一套网络中所有可能的最小生成树所形成的集合，因此最小生成树法（Minimum Spanning Tree）是Pathfinder网络中的一个特例。相比于Pathfinder这种复杂度高的算法，最小生成树法算法具有较低的计算复杂度，能够实现对大规模网络的快速计算，但是最小生成树法在捕捉网络结构的精确性上低于Pathfinder算法。此外，基于最小生成树法模型能够表现出网络中的重要节点，但由于最小生成树法从高阶最短路径（High-Order Shortest Paths）中删除了潜在的重要链接，所以这种结构并不能充分描述网络演化的本质。相比之下，Pathfinder算法具有保持最关键路径的内聚性（Cohesiveness）优势，使可视化结果具有更强的预测能力和可解释性[3]。

本书首先对每年的标签共现网络中的边和点进行筛选，保留每年出现次数排名前2%的点，边出现次数前1%的边。将每个节点的出现次数除以该年所有节点的总出现次数之和，每条边的出现次数除以该年所有边的总出现次数之和，分别得到节点出现次数的比例和连边出现次数的比例。进而对筛选后的节点按照点出现次数比例从大到小排序，剔除排名低于300的节点，共得到2011年134个节点、2012年191个节点、2013年281个节点、2014—2018年每年300个节点。

在此基础上，我们对历年的节点和边进行合并，当同一节点或边在多个年份中出现时，只保留最早年份的节点和边，建构新的合并网络，

---

1 Schvaneveldt R W. Pathfinder Associative Networks: Studies in Knowledge Organization.[M]. Ablex Publishing, 1990.
2 Chen C, Paul R J. Visualizing a Knowledge Domain's Intellectual Structure[J]. Computer, 2001, 34(3): 65–71.
3 Chen C, Morris S. Visualizing Evolving Networks: Minimum Spanning Trees versus Pathfinder Networks[C]. IEEE Symposium on Information Visualization 2003 (IEEE Cat. No. 03TH8714). IEEE, 2003: 67–74.

并进行可视化。如图3.10所示，合并后的网络共有549个节点，561条边，节点和边的颜色代表了其出现的年份：年份越早，则颜色越浅；年份越晚，则颜色越深。图中节点大小代表节点出现次数占比，边的粗细代表边出现次数占比。

如图3.10所示，合并后的网络共有549个节点，561条边，节点和边的颜色代表了其出现的年份，年份越早，则颜色越浅；年份越晚，则颜色越深，图中节点大小代表出现次数的比例，边的粗细代表边出现次数的比例。

图3.10　2011—2018年知乎标签网络节点生成机制可视化

如图3.10所示，基于Pathfinder算法的节点的内容特征和社团聚集特征可视化呈现与上文通过Louvain算法对标签全集进行社团划分（即表3.8）得出的结论基本一致。更重要的是，图3.10显示出了节点的基本生成机制。第一，从宏观上看，知识网络等演化特点是由中心的早期节点（即白色）向外围延伸，逐渐"长"出后期（即颜色更深）的节点。早期节点多为语义内涵宽泛的一般性词汇（General Terms），例如"教育"；后续新生词汇多更为具体，是对相应领域的继续深耕和细分（例如"高考志愿填报""高中学习"等）。这种连接机制与网络科学中发现的节点"择优连接"（Reference Attachment）机制相符[1]。这反映出知乎作为在线知识网络，其知识疆域从无到有，在用户自发贡献内容的情境下的基本生成规律。

从微观看，本书还发现一种辅助连接机制，即"桥节点连接"。具体而言，新生节点（即深色节点）连接在两个早期节点（即浅色节点）中间。中间的新生节点称为桥节点（Bridge），新生节点建构了早期节点间的新关联。例如，标签"英雄联盟"连接在了较早的"游戏"和"手机游戏"之间；标签"深度学习"连接了"人工智能"和"机器学习"。充当桥节点的标签，往往具有较强的创新性，即其通过结合已有的标签，生发出具有创新意义的新知识[2]。这说明,在线知识分享系统体现了知识建构的"自组织性"，即知识之间的互动能够产生新思想、涌现出新的概念。

此外，由图3.10还能看出，用户自发生成的知识网络，与传统的自上而下归纳出的知识领域结构存在差异。例如,标签"文化"位于"社会"和"历史"之间，而标签"中国"位于"社会"和"日本"之间；其皆不同于"文化""中国"传统意义上的知识领域连接。

最后，节点的生成反映了社团语义演变的规律。例如，对于"健康"的关注，衍生出各种运动类型（"跑步""篮球""足球"等），进而衍生出"减肥""运动健身""锻炼"，最后衍生出了"减脂""塑形""运动减肥"；由此可见用户关于"健康"概念的内涵不断现代化的演化

1　Barabási AL, Albert R. Emergence of scaling in random networks[J]. Science, 1999, 286(5439): 509–512.
2　Rogers E M. Diffusion of Innovations[M]. Simon and Schuster, 2010.

趋势。与此类似，标签"互联网"分别衍生出"电子商务""交互设计""移动端""市场营销""风险投资"以及"算法"等多个不同分支。

二、节点的死亡机制

如表3.9所示，本书按照节点的度，提取了每年死亡的节点中，度排名前20位的节点。总体来看，消亡的节点，其往往是具有时效性的热门话题（例如，2011年的"法网女单冠军""李娜""嫦娥三号""纳尔逊·曼德拉"等）。此外，从2013年（即知乎放弃了单一"邀请制"）之后，死亡节点中，当年上线的影视产品占比越来越大例如2013年的"西游·降魔篇"（电影）、"快乐男声"（综艺）；2014年的"平凡之路"（歌曲）、"一步之遥"（电影）、"绣春刀"（电影）、"明日边缘"（电影）等。这说明，知乎一定程度上成为了影视产品的营销平台。

表3.9 死亡节点列表

年份	节点度排名前20的节点
2012	鲍勃·迪伦（Bob Dylan）、鲍勃·迪伦歌词翻译计划、MG101、创业产品经理、产品设计师、如何成为X、虾米音乐网、产品管理、李娜、亚健康、土豆网、行云、Tiny Wings、游戏推荐、李娜赢得2011年法网女单冠军、Mac App Store、产品策划、创新工场Mentoring Session、创新工场员工、知乎产品改进、儿童互联网产品互联网行业招聘、CEO
2013	2012年伦敦奥林匹克运动会、足球欧洲杯（UEFA European Championships）创业招聘、Facebook股票（FB）、用户心理学、2012年欧洲杯、资本市场、X每天是怎么工作的、在线社交游戏、硅谷、用户需求、快乐、问答网站、Facebook IPO案、X的原理、巴厘岛、体质、俄克拉荷马雷霆（Oklahoma City Thunder）、Draw Something、田径比赛
2014	纳尔逊·曼德拉、快乐男声（综艺）、Google Reader七月下线、光大证券、中国最强音（综艺）、2013年6月银行钱荒事件、光大证券乌龙指事件、嫦娥三号、西游·降魔篇（电影）、华盛顿邮报、高效生活技巧、绿能（清洁能源）、Hipstamatic、一座城池（2013年电影）、服务器租用、朱令中毒事件、高原反应、亚洲冠军联赛、网站分析、兰亭集势（Light in the box）

续表

年份	节点度排名前 20 的节点
2015	世界杯经济、平凡之路（歌曲）、一步之遥（电影）、绣春刀（电影）、明日边缘（电影）、短道速滑、电影剧本、吴清源、2014 仁川亚运会、房地产发展趋势、读书人、意大利国家男子足球队、2014 年索契冬季奥林匹克运动会、笔记本硬件、Mt. Gox、华尔街之狼（电影）、追梦网、危机边缘 第二季（美剧）、魏文帝曹丕、外企工作经验
2016	人文 abc、古代文学、我是歌手 第三季（综艺）、同性、心理现象、穹顶之下（纪录片）、学习途径、极限挑战 第一季（综艺）、侏罗纪世界（电影）、同性恋心理、互联网音乐服务及应用、厚黑学、2015 年盘点、平凡的世界（书籍）、汽车专业、阅兵、前任攻略（2014 年电影）、高级格调、大学出路
2017	健身与减脂、吃货、护肤类、家庭装修、旅游攻略、自由行、出国工作、健身增肌、医疗美容、白银市连环杀人案、釜山行（电影）、清朝历史、摄影与摄像、厨艺学习、女式包、交警、电脑组装、应届生找工作、儿童安全座椅、管培生

我们进一步比较了死亡节点的 K- 核分布特征。具体而言，我们选取全网每年所有的死亡节点，以及对应数量的随机节点，比较其 K- 核值分布。从图 3.11 可见，死亡节点（深色）分布比随机节点（浅色）更偏向右边低 K- 核值区域，且其偏向程度逐年增加，尤其是后几年比较明显。我们对每年的死亡节点与随机节点 K- 核分布进行了独立样本 Mann-Whitney U 检验[1]，除了 2016 年的死亡节点没通过检验，其余假设检验均显著，即死亡节点和随机节点的 K - 核分布存在差异性。这说明，死亡节点和随机节点相比，其网络结构更边缘化。与此同时，从死亡节点的 K- 核取值范围也能看出，节点并非一定处于最边缘的节点群，这是因为死亡较快的节点，往往是具有时效性的节点，其度值并不低（例如上文提到的热门影视产品）。

1　Mann H B, BDW. Mann-whitney u test[J]. Wilcoxon Rank SumTest. 1974.

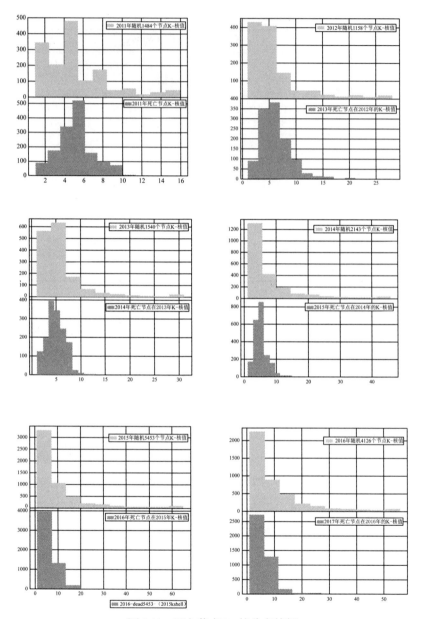

图 3.11 死亡节点 K-核分布特征

三、节点的生命周期规律

为了进一步验证生命周期较长的节点语义及结构特征,在2011—2017年每年新出现并持续活跃到2018年的节点中,我们选取了在2018年出现次数排名最高的20个节点。从表3.10可见,生命周期较长的节点,其语义呈抽象化、一般化倾向。例如,生命周期较长的节点包括大学、教育、考研、游戏、高考、恋爱、生活、汽车。结合节点的生成规律可以发现,这些一般性、抽象化的知识节点最先出现在平台中,并且生命周期最长,成为知识分享系统中重要的基础性节点。而后几年新生的特别是生存周期尚不满4年的节点,其语义呈现出较强的时效性,且语义更为具象。例如,存活时长刚满两年的节点包括抖音、《偶像练习生》第一季(综艺)、《复仇者联盟3:无限战争》(电影)、《绝地求生:刺激战场》(手机游戏)、《创造101(综艺)》等。

表 3.10 节点生命周期分析

生命周期(年)	词 汇
8	大学、教育、考研、游戏、高考、恋爱、生活、汽车、法律、健身、音乐、手机、美食、心理、留学、情感、心理学、大学生、健康、减肥
7	英雄联盟(LoL)、高中学习、数码产品、电脑DIY、哔哩哔哩、漫威(Marvel Comics)、减脂、外貌、高考复读、刀塔(Dota 2)、世界杯(World Cup)、大学寝室、室友、发型、爱情观、篮球鞋、自考本科、索尼(Sony)、粉丝(Fans)、生物
6	比特币(Bitcoin)、运动减肥、电脑配置、艺考、减肥方法、二次元、彩妆、网易云音乐、显卡、工作选择、专升本、应届生求职、宿舍关系、考研复习、微商、大学专业选择、前男友、中考、综艺、文科生
5	男生女生、人文、华为手机、颜值、SNH48、考研经验、美妆、Windows 10、穿衣打扮、口红、金州勇士(Golden State Warriors)、节食、重大疾病保险、高考冲刺、2018年俄罗斯世界杯、艺术生、考驾照、专科生、头戴式耳机、考研择校

续表

生命周期（年）	词汇
4	王者荣耀（游戏）、区块链(Blockchain)、英雄联盟职业联赛（LPL）、游戏本、购买笔记本电脑、男女相处、复读生、大专学历、地下城与勇士（DNF）、守望先锋、入耳式耳机、学穿搭、荣耀手机、购买电脑、SNH Group、英国硕士留学、克里夫兰骑士（Cleveland Cavaliers）、易烊千玺、电子计算机、换工作
3	绝地求生（游戏）、RNG战队（Royal Never Give Up）、Fate/Grand Order、防弹少年团、任天堂Switch、PS教程、微信小程序、朱一龙、高考报考、韩国爱豆、共享单车、阴阳师（游戏）、拼多多、延禧攻略（电视剧）、数字化货币、以太坊、iPhone 7、RNG.Uzi、职场人际、TF家族
2	抖音、偶像练习生 第一季（综艺）、复仇者联盟3:无限战争（电影）、绝地求生：刺激战场（手机游戏）、创造101（综艺）、iPhone X、游戏从业者、意大利留学、王者荣耀KPL职业联赛、iPhone 8、第五人格、火箭少女101（女团）、中国新说唱（综艺）、荒野行动（游戏）、撸猫、香蜜沉沉烬如霜（电视剧）、分手失恋、婚后、直男、丧

图3.12进一步呈现了标签网络全集节点的生命周期和网络结构特征的关系。从散点图可以看出，节点的存活时间越长，其K-核值越高，节点的连接度也越高。即生命周期越长的节点，其往往处于网络的核心位置。

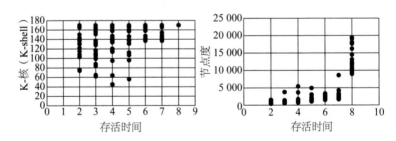

图3.12 节点存活时间的网络特征

本章基于在线知识协同建构理论，收集了2011—2018年知乎全网问题标签数据，利用语词共现网络分析，探究了在线知识分享平台的知识疆域特征。本书旨在描述以"知乎"为代表的在线知识分享平台的内在规律包括：（1）知识疆域的内容与结构特征；（2）知识疆域的演化规律；（3）节点的生成、死亡与生存机制。

首先，知识疆域的结构存在明显的网络聚类特征。从表3.8可看出其主要知识社团包括教育、医学—健康、生活、旅游、摄影、美食、装修—设计、汽车、互联网、职业、电商、音乐、影视、体育、游戏、政治—历史、经济、法律、文学、自然科学等。

其次，在知识疆域的演化规律层面，本书发现，伴随着网络规模的增长，知识社团未出现区隔化趋势，社团内部节点连接趋于紧密。同时，知乎大部分社团呈现出比较稳定的社团结构。在知识社团内部，知识内涵不断变化。此外，部分社团间出现了合并现象。

本书进而探究了标签节点的生成、死亡与生存机制。标签节点的基本生成机制为：处于中心位置的早期节点向外围延伸，逐渐"长"出后期节点；且早期节点多为语义内涵宽泛的一般性词汇。此外，本书还发现了"桥节点连接"的辅助连接机制。死亡的标签节点多为具有时效性的热门话题，其K-核分布比随机节点更偏向K-核低值区域，且其偏向程度逐年增加。生命周期较长的节点语义呈抽象化、一般化倾向，且节点的存活时间越长，其K-核值越高，连接度也越高，即往往处于网络的核心位置。

从理论贡献角度而言，本章廓清了"知识协同建构理论"视域下在线"协作知识（Collaborative Knowledge）"的内容与结构特征，印证了协同建构的在线知识整体特征。本书发现，知识分享平台协同建构的知识反映了当下参与用户的共识性认知。此外，知识疆域的演化特征反映了在过去八年间公众对上述知识领域认知的变迁，体现出公共知识的当下时代特征。这正是对海量用户自创内容进行知识疆域分析所能体现出的独特图景。例如，用户曾将游戏视为体育竞技项目。然而随着游戏产业的不断发展，新标签的不断加入，体育与游戏的分野越发明显，自 2016 年起，动漫相关的内容与游戏社团融为一体，这与当时国内动漫游戏产业的迅速发展趋势是一致的[1]。

---

[1] 中青在线:《2016 北京动漫游戏产值 521 亿元 占全国 1/3》，2017 年 7 月，http://chanye.07073.com/shuju/1650720.html，2020 年 1 月 15 日。

第四章 在线知识传播的领域知识疆域

第三章分析了在线知识分享平台的整体知识疆域的结构、内容和变化规律。本章将进一步从领域知识（Domain Knowledge）层面——即文化产品、教育和游戏，来探析单一领域的知识标签社团结构和变化规律。对领域知识的深入分析，能够更有针对性地探究知识疆域变化特征及其变化规律。此外，对领域知识与一般性知识的对比，能够进一步探究在线知识传播研究的实践指导意义。

第一节 文化标签演变和跨媒介叙事分析

本节基于在线知识传播平台分析文化产品相关内容标签社团结构特征，并客观评估随时间变化不同文化产品的热度和类型走势变化。在此基础上，本节进而选取具有代表性的媒介互动案例进行叙事分析。

一、文化标签与跨媒介叙事

科恩·范·艾克（Koen van Eijck）和维姆·克努尔斯特（Wim Knulst）将文化产品界定为两种类型——高雅文化（Highbrow）和大众文化（Lowbrow）。"高雅文化"产品通常被认为比"大众文化"产品更具有文化价值[1]。高雅文化主要包括古典（Classical）、精英（Elitist）和传统（Conventional）文化等；大众文化包括流行（Pop）、大众（Mass）和民间（Folk）文化。这两种文化产品类型被置于布尔迪厄的文化场域内，可进一步被划分为"有限文化生产次场"和"大众文化生产次场"，二者形成了垂直的等级结构。文化产品是观念、意识形态的重要载体和工具。

从文化产品消费者角度而言，理查德·A. 皮特森（Richard A. Peterson）和罗杰·M. 科恩（Roger M. Kern）认为，用户的文化选择模式（Patterns of Culture Choice）与消费者所处的社会地位没有直接关系，比如消费高雅文化的人群并不一定会回避其他文化产品从而变得更加"杂食"[2]。

从文化产品生产者的角度而言，文化生产者也不断强调文化产品的创新性，使得文化产品之间的界限越来越模糊，不同媒介之间的联系变得更加紧密，有些产品甚至难以用一种媒介来承载。詹金斯把这种多媒介融合的叙事方式叫作跨媒介叙事[3]。跨媒体叙事既指图像、声音、文字等多种媒介整合起来共同完成对事件的叙述，也是指一种媒介向另一种媒介的转化和变异[4]。跨媒介叙事表示这样一个过程，即一个故事的各个

---

1 芮小河. 布尔迪厄与英格利什的文化生产理论及其现实启示[J]. 理论导刊, 2016（2）: 38–41.
2 Peterson R A, Kern R M. Changing Highbrow Taste: From Snob to Omnivore[J]. American Sociological Review, 1996, 61(5): 900–907.
3 谢弦驰. 跨媒介叙事视野下漫威电影研究[D/OL]. 上海戏剧学院, 2016[2021-10-30]. 西蒙·杜林, 冉利华. 高雅文化对低俗文化: 从文化研究的视角进行的讨论[J]. 文艺研究, 2005（10）: 38–48, 166–167.
4 高雅楠. 媒介融合背景下电视真人秀节目跨媒介叙事研究[D/OL]. 湖南大学, 2016[2021-10-30].

有机组成部分穿越于多个媒介传播渠道，系统建构出一种协作合一的娱乐体验。在理想情况下，每一种媒介对于故事的展开具有自己独特的贡献。这一理论重点关注媒介文化产品生产与消费过程中的社会文化作用。跨媒介叙事的特点之一是崭新的受众参与方式。受众作为积极主动的参与者，通过多种渠道建立表达故事有关媒介的相互联系，并从中找到跨媒体叙事的内核所在。跨媒介叙事是新媒体技术时代给文化产品消费与生产带来的全新机遇和挑战。

二、文化标签社团结构与演化规律

基于上述理论，本节旨在探究在线知识分享平台中，文化产品的社团结构和演化规律，从而探究在线知识分享平台用户对于文化产品的知识建构是否出现了阶层区隔。此外，本节还以跨媒介叙事文化研究的视角，采用知乎标签网络分析法，对互联网时代多重媒介的叙事方式进行分析总结，为理解不同时期文化生产和消费现象提供解读。具体而言，本节拟回答：（1）从宏观层面分析，文化产品消费随时间的变化呈现出怎样的结构变化？节点的子团结构如何变化？社团演化是否具有一定的规律性（如合并、增长、出现、消失、分裂等）？标签节点网络特征（聚类系数、直径、最短路径）如何变化？（2）从微观层面分析，某些文化产品的演化和发展具有怎样的规律？

（一）人工归纳历年社区主题名称

第一，在该在线知识分享平台中，文化产品层面有一些话题形成了独立社团，且比较稳定——例如影视、动漫、摄影、艺术、文学、娱乐。这些文化产品是大众普遍消费的内容。第二，在这些稳定的社团中，也有一些社团随时间发展出现了社团合并的趋势。例如，电影、电视和纪录片，它们曾经作为独立的社团存在，但在2015年出现了几个社团的合并；上述多个社团统一归到影视子团下。此外，在娱乐社团中，也出现了从明星新闻话题到新闻综艺话题的转变。早期的娱乐社团内所讨论的内容大都是明星、新闻类相关热点，鲜有提及综艺内容。直至 2014 年，《奔跑吧·兄弟》第一季的出现，将综艺话题带入到大众的视野中，后来逐渐占据娱乐社团的主导地位。第三，音乐社团发生了分裂。在 2017 年出现了音乐类综艺（比如《跨界歌王》第一季、《中国有嘻哈》第一季等），引发了人们对流行音乐和嘻哈音乐的关注，使音乐类话题开始分裂，形成了属于自己的独立社团。

另外，从微观层面来看，某些相对较为分散的社团，其内部结构也随着时间的演变出现了不同层次的改变。例如，在口才社团中，过去人们多讨论的都是一些例如京剧、戏曲、话剧、小品等高雅文化内容；但随着热播综艺《奇葩说》的兴盛，渐渐的原本高雅文化消费的内容开始被辩论型的通俗文化所取代。

（二）历年各个社团聚类系数、直径、最短路径统计结果

图 4.1 展示了文化产品社团网络拓扑结构特征的变化。通过对历年各个社团网络特征进行计算，研究发现，随着时间的推移，文化产品标签网络的聚类系数不断下降，网络直径基本保持不变、最短路径呈上升趋势。这说明，随着时间变化，文化产品网络节点间的连接变得愈发分散。这意味着，文化产品朝着多元性的方向发展，创作者的作品种类愈加丰富、形式更为多样。

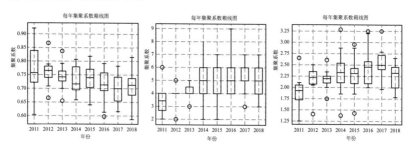

图 4.1 文化产品社团网络拓扑结构特征的变化

(三)基于关键节点的网络结构分析

本书进而将2011—2018年的文化产品全部节点和边整合到同一网络中(节点数=13 524,边=131 742)。在对纳入分析的网络节点和边进行了遴选,剔除掉重复的节点,并将点权小于等于20,边权小于等于25的节点去掉后,本书纳入分析的节点852个,连边1 823条。图4.2展示了该网络的社团划分结果。根据模块度,上述网络可划分为影视艺术、音乐、娱乐、动漫、文学、耳机设备六个子社团结构。表4.1展示了每个社团的关键标签。

图 4.2 文化产品整体网络社团划分结果

表 4.1 社团关键标签

社团名称	社 团 标 签
影视艺术	电影、电视、纪录片、日剧、美剧、艺术、摄影
音乐	器乐、歌手、乐理、音乐综艺、流行、古典

续表

社团名称	社 团 标 签
娱乐	明星、网络红人、韩流、选秀
动漫	日本动画、动画人物、日本流行文化
文学	书籍、小说、诗词、阅读
耳机设备	耳机、音响、播放器

  本书进而借鉴陈超美等人的 Pathfinder 算法挖掘重要知识关联[1]，对历年的标签共现网络按照时间演化过程进行合并，呈现知乎平台中文化产品标签网络的动态变化过程。

  具体而言，我们首先对每年的标签共现网络中的边和点进行筛选，保留每年点权前30%的点，边权前10%的边[2]。其次，每个节点的点权除以该年所有节点总点权之和，每条边的边权除以该年所有边的边权之和，分别得到点权比例和边权比例。再次，对筛选后的节点按照点权比例从大到小排序，剔除排名低于300的节点。最后，对历年的节点和边进行合并，当同一节点或边在多个年份中出现时，只保留最早年份的节点和边，建构新的合并网络进行可视化。合并后的网络共有259个节点489条边，节点和边的颜色代表了其出现的年份，年份越早，则颜色越浅；年份越晚，则颜色越深，图中节点大小代表点权比例，边的粗细代表边权比例。

  图4.3呈现了在知识分享平台中，不同文化产品标签的知识结构。从图4.3可以看出，不同的媒介形式形成了相对固定的社团。例如，电影、文学、音乐、小说等社团相对独立和稳定。与此同时，从图4.3也可以看出，当用户对有关文化产品内容进行讨论时，会把相互关联的媒介文化置于同一内容标签下，最终形成对跨媒介文化产品消费的集体认

---

1 Chen C. Searching for Intellectual Turning Points: Progressive Knowledge Domain Visualization[J]. Proceedings of the National Academy of Sciences, 2004, 101(Suppl_1): 5303–5310.
2 注：此处点权代表节点在当前网络中的出现次数，边权代表两个节点之间的共现次数。

同。在建构集体认同的同时,文化产品自身在进行着"跨媒介"衍生叙事,把故事从一种媒介转向另一种媒介,从一种文本转向另一种文本,在此过程中衍生出全新叙事方式。正如亨利·詹金斯所言,在跨媒介叙事中"重复冗余的内容则会使粉丝的兴趣消耗殆尽,导致作品系列运作失败。提供新层面的见识和体验则能更新产品,从而保持住顾客的忠诚度。水平整合后的娱乐工业,即一家公司可以涉足不同的传媒领域的经济逻辑要求内容产品实现跨媒体流动"[1]。因此,不同媒介之间的联结和流动是文化产品得以永葆生机的恒久动力。下一小节将从上图中选取两个典型案例——"漫威宇宙"和"有声产品"进行跨媒介叙事的进一步深入分析和论述。

图 4.3 文化产品演化结构图 Pathfinder

---

[1] 亨利·詹金斯. 融合文化:新媒体和旧媒体的冲突地带[M]. 北京:商务印书馆,2012.

（四）个案分析

1. 漫威宇宙：漫画—电影

漫威漫画公司创建于 1939 年，与 DC 漫画并列成为美国漫画公司的两大巨头。它创造出了为人熟知的漫画角色（例如蜘蛛侠、美国队长、钢铁侠、绿巨人、黑寡妇等漫画角色）和超级英雄团队（如复仇者联盟、X 战警、银河护卫队等）。1996 年漫威影业成立，开始打造属于自己公司的超级英雄系列电影。2008 年，漫威的第一部电影作品《钢铁侠》上映。从此，漫威建立了容纳自己所有动漫角色的独立世界观，并建构了平行宇宙的宏大叙事框架，走上了跨媒介叙事的创新之路[1]。2019 年 4 月，漫威系列影片的最终篇《复仇者联盟 4：终局之战》为在 11 年间的 22 部影片画上句号。

漫威系列作品是跨媒介叙事模式的典型案例之一[2]。从图 4.3 我们可以看到，漫威文化作品连接了影视和动漫两种媒介。知识分享平台用户基于内容，根据自身的知识经验，自主选择或创建标签节点。用户通过漫威本身的内容文本，将与它有关的传播媒介进行拼插。从网络宏观层面看，用户对漫威作品的跨媒介叙事达到高度认同，说明动漫和电影这两种传播媒介对这一故事文本的高度承载力和影响力，以及这两种媒介之间的互通性。具体而言，漫画是漫威人物得以创造的基础来源。生动的配图让粉丝对漫威动漫人物有了形象的认识，再加上所有的超级英雄人物都生活、存在于这样庞大而复杂的宇宙中，因而形成了一个主世界。根据这样的世界观，漫威电影宇宙在漫画世界的基础上，进行了不同程度的改编，保证了人物和背景的完整连贯。

---

1 康晓倩.从《复仇 4》看漫威电影的跨媒介叙事 [J].电影文学，2020（1）：135–137.
2 任泽昕.媒介融合背景下影视 IP 的跨媒体叙事研究 [D/OL].兰州财经大学，2018[2021-10-30].

2. 有声产品：阅读—耳机—音乐

此外，从上文网络演化图中可以看到，耳机作为桥节点，连接了"蓝牙耳机""音乐"和"阅读"。耳机作为一种外部接入设备，连接起音乐和有声阅读。

媒介进化史就是人类阅读进步的发展史。已有研究认为，阅读媒介环境可以划分为以数字信号为基础的新媒介环境和以纸质印刷技术为基础的旧媒介环境[1]。阅读文本的差异会导致阅读方式的不同和使用场景的区别。纸质媒介的文本主要由静态文字和图像符号构成，读者可以通过视觉观看，但前提条件是读者必须处于一个相对静止，且拥有能够观看的实物对象的环境中。而数字媒介中的文本除了有静态文字和图像符号外，还包含一些动态的动画、视频、声音等符号，这样的文本内容主要依靠人的视听联动或者单靠听觉来进行。人们只需将电子设备接入移动互联网即可随时随地操作。由于后者使用环境的覆盖范围更为广泛，极大利用了人们的碎片化时间，因此，基于数字媒介的互联网产品更受用户的青睐。这些产品不仅内容丰富、不受时空限制，最重要的是可以随时随地，想听就听，最大化地满足了人们在碎片化时间娱乐和学习的需求。当这些需求场景发生在移动过程中，那么用耳朵代替眼睛，就越来越成为一种权重较高的阅读习惯[2]。近年来，在国内"云听"音频客户端不断增加，主要可以分为三种类型：即综合在线音频平台（例如喜马拉雅）、垂直有声阅读平台（如懒人听书）和音频社交互动平台（如荔枝）[3]。这种用声音高低起伏、抑扬顿挫的特征传递情感的有声阅读方式，不仅重塑了人们的听觉审美，而且还带来了

---

[1] 黄晓斌，陈煜祺. 国内阅读媒介研究进展 [J]. 图书馆杂志，2020，39（3）：48-57+68.
[2] 冯晓霞. 有声阅读成"新宠" [J]. 光彩，2019（5）：23-26.
[3] 嵇振颉. 让耳朵"嗨"起来后 [J]. 成才与就业，2019（10）：47.

听觉文化的回归，使阅读顺应了时代的变化[1]。

3. 真人秀节目/表演类综艺节目

电视真人秀节目作为一种混合了电视剧、综艺节目、纪录片和游戏等节目要素的综合性节目类型，主要采用的是由真人出演而没有固定剧目的叙事形式，是一种独特的叙事艺术[2]。

近年来，电视真人秀节目集中运用了跨媒介叙事进行创作和传播，例如联合电影、网络、出版、游戏等多种媒介，以求达到最佳的传播效果和商业价值。电视真人秀节目跨媒介叙事的方式有多种，包括媒体互文叙事、碎片化叙事和互动叙事等，其特征有借助影视化的多重视点、运用多媒体的叙事技巧和使用网络化的语言叙事等[3]。

综上所述，在在线知识分享平台中，随着"媒介"概念的不断再定义，"跨媒介叙事"含义也越加丰富。本节从这一理论视角出发，采取网络标签共现研究方法，以知乎问答网络社区为社会化媒介平台，探讨依附于该平台之上的不同文化产品演化规律和叙事模式。在经过对用户所建构的问题标签节点进行网络社区划分之后，本书对结果进行社区主题归纳，并根据时间顺序对重要节点进行可视化呈现和分析。最后，通过对网络演化结构图进行观察分析，以更加直观的方式揭示出社团演化的本质在于不同信息媒介之间的相互勾联和流动衍生，而促使这一现象发生的是活跃于媒介平台之上的互联网用户群体，他们积极主动地在不同媒介当中寻找并制造关联，最终实现文化产品在媒介间的关联建构。但是，这种关联并不是指相同内容在不同媒介的简单复制，而是多种媒介之间

---

1 周安平，范雨竹. 论数字时代我国有声阅读的勃兴[J]. 中国出版，2019（18）：39–41.
2 高雅楠. 媒介融合背景下电视真人秀节目跨媒介叙事研究[D/OL]. 湖南大学，2016[2021–10–30].
3 高雅楠. 媒介融合背景下电视真人秀节目跨媒介叙事研究[D/OL]. 湖南大学，2016[2021–10–30].

围绕统一故事世界进行丰富和拓展,最终促成文化产品的深度转型。

第二节 游戏标签网络特征及演化趋势

游戏是人类的原始本能之一,与人类的生存相依相伴。游戏是在特定的时空范围内,人类遵循某种特定规则,追求精神世界需求满足的社会行为方式。随着电脑性能和网络带宽的发展,电脑游戏逐渐繁荣,游戏不再依托于光盘和主机,而是通过互联网技术使玩家可以跨越时间和空间与世界各地的玩家进行交互。1996年"大型网络游戏"(MMOG)的概念浮出水面,《网络创世纪》《模拟人生》《魔兽世界》都是这个时期划时代的客户端游戏(简称"端游")作品,国内这个时期的《传奇》《大话西游》《剑侠情缘》《完美世界》等都是很成功的产品。2008年端游的发展进入瓶颈期,Flash技术的成熟和规模化的产业生态环境催生了网页游戏(简称"页游"),其简单快捷的特征更适应广大用户的需求。腾讯游戏、联众游戏都是这个时期国内较受欢迎的网页游戏运营平台。

2010—2019年,游戏在设计、制作、玩法、故事叙述上都得到了极大的发展和提升,玩家对于游戏的讨论、支持和挑战、质疑反映了社会对于游戏行业更深度的关注。玩家对于游戏开发的话语权得到了显著的提升,游戏制作团队和受众的互动和交流,使玩家更积极地参与并影响游戏的优化,同时促进了游戏被更广泛的人群所了解、接受和使用。过去十年的游戏发展是现象级的,游戏从业者已经积累了足够的技术和经验去创作真正需要的和想要的作品,游戏的多样性和制作的优良性显著攀升,游戏的规模和呈现远比想象中更加瑰丽。

基于此,本节基于社会化媒体知识分享平台,对游戏领域的在线知识传播网络规律进行分析。以往的游戏研究多是自上而下地对游戏本体和玩家行为进行分析,而缺乏从玩家视角自下而上的游戏信息传播内容和规律的研究。从这个意义而言,本节以游戏用户的知识内容分享为研究对象,丰富了游戏研究的研究视角和方法。

一、游戏知识建构

电子游戏具有游戏和媒体的双重属性,是玩家与游戏开发者之间、玩家与玩家之间的双重信息沟通形式。玩家的行为也具有游戏和传播的双重特征[1]。网络游戏传播分为外部传播和内部传播。内部传播包括沟通者与玩家之间的大众沟通,以及玩家在游戏平台上的组织沟通。游戏开发者通过游戏的设计与运营将游戏思想传递给游戏玩家,并根据收到的反馈对游戏进行更新和修改[2];组织沟通是游戏玩家自发形成的一种传播关系,是玩家自发形成的或松散,或有明确分工、任务的团体或组织。

网络游戏中的信息传递与交流并不局限于游戏,其信息传递具有很强的外延性[3]。在现实世界中,游戏玩家自发形成各种类型的讨论群,如豆瓣小组、微博超话、知乎圈子等,在社区进行社交性对话,寻找群体认同和归属感,具有强化自我认同、实现自我完善,分享游戏知识、交流游戏经验等功能。比如曾独自参与游戏的玩家在加入群后写道:"在群里每个人的帮助下,我接触的道具越来越多,技能也逐渐提升。"[4] 在线社交平台已经成为除了游戏媒介本身之外的另一条纽带,帮助玩家

---

1 别致. 论网络游戏中的信息传播现象——以大型网游《魔兽世界》为例 [J]. 东南传播,2009(4):132–133.
2 陈洁雯,胡翼青. 从斯蒂芬森出发:传播游戏理论的新进展 [J]. 新闻春秋,2019(6):82–88.
3 李大鎏. 中国网络游戏的传播功能研究 [D/OL]. 电子科技大学,2007[2021-10-30].
4 任玮. 作为媒介的电子游戏:属性、特征与传播形态——以"动森"系列为例 [J]. 视听,2021(2):133–134.

完成信息和知识资源的扩展，这也是社交媒体特性的体现。肖宁[1]认为，网络游戏的外部传播包括信息推动传播，文化交流传播和媒介辐射传播。外部传播以网络游戏为基础，充分借助网络的力量发挥着网络游戏的群聚效应，在网络游戏外部通过各种渠道传播游戏信息，游戏知识，文化，周边产业等内容。

游戏研究发展至今已五十余年，在线知识传播与建构的相关研究已经诞生十余年。目前，国内外相关学者已经对游戏领域的发展过程与趋势进行了一定程度的研究，如从心理学的视角分析游戏玩家的心理动机和成瘾现象[2]、从社会学和法律等视角研究游戏行业的诸多产业问题、从用户使用行为的角度研究影响游戏用户使用意向的因素[3]，以及从游戏教育和游戏化学习方面对学习质量和效果等[4]。

随着知识经济与信息化时代的来临，共享与合作逐渐成为各学科领域的主流发展模式之一。游戏领域的知识分享与合作的研究主要是基于某一特定游戏领域，自上而下进行知识建构的规律分析，如凡妙然[5]对国内教育游戏领域的相关研究文献进行了社会网络和聚类分析，对教育游戏的可持续发展、跨学科应用以及多元化提出了要求。陈亚威[6]等通过文献计量的方法对电子竞技领域的知识分享和合作规律进行了可视化呈现，认为在电子竞技领域科研人员的合作创新呈现加强和完善的趋势。

---

1 肖宁.网络游戏的传播机制考察[J].新闻世界，2013（6）：192–193.
2 李宁琪，李一可.国内外网络游戏产业研究文献综述[J].价值工程，2008，27（12）：96–101.
3 彭虎锋.网络游戏产业价值链的整合与延伸[J].当代经理人，2005（6）：23–24.黄漫宇.从盛大看网络游戏运营企业的主要商业模式[J].中南财经政法大学学报，2005（4）：114–118.
4 程君青，朱晓菊.教育游戏的国内外研究综述[J].现代教育技术，2007（7）：72–75.
5 凡妙然.国内教育游戏研究现状的可视化分析：热点与趋势[J].现代远距离教育，2018（2）：27–34.
6 陈亚威，朱寒笑.基于知识图谱的我国电子竞技研究的可视化分析[J].湖北体育科技，2020，39（4）：305–311.

杨瑞铭[1]以多款电子游戏的内容编码为研究对象，分析了电子游戏知识的跨文化传播现象，并探究跨文化共享知识建构的可能性。

虽然目前众多学者从不同的角度对我国游戏领域的发展过程与规律进行了探究，却鲜有学者基于在线媒体平台，对游戏领域在线用户的知识分享规律进行研究。根据知识建构模型，对知识内容及其演化规律进行大规模分析，可以解释在线知识建构中基本的内容结构，游戏领域知识协同生产的基本过程，以及参与游戏知识内容分享的群体的共同目标和社会认知。因此，本节利用语词共现网络分析，将游戏领域知识疆域量化为标签共现网络，描述游戏领域知识分享网络的特点和演化模式。

首先，基于用户自发的，在线内容分享平台上用户共同参与的游戏领域的知识建构，其知识疆域具有何种特征？其次，从动态的角度看，游戏领域知识的演化趋势是什么？其知识疆域是否形成了各自领域内的紧密连接？或者，游戏领域是否逐渐融合合并或者消失和产生新的概念？

二、游戏知识疆域的结构特征

同上文，本节通过 Louvain 方法对标签网络进行知识社团划分。如前文所述，本书利用模块度（Modularity）来判定知识的聚类特征。从表 4.2 可以看出，游戏知识标签每年的模块度在 0.6 左右，可见知乎游戏标签网络确实存在较为明显的社团结构，即网络聚类特征。

表 4.2 Louvain 算法社团划分结果

年份	社区划分模块度	社团数
2011	0.54	5
2012	0.51	9

---

1 杨瑞铭.电子游戏跨文化传播中的国际表达和意义共享——以手机游戏《阴阳师》的风行为例[J].文化创新比较研究，2019，3（18）：18-20.

续表

年份	社区划分模块度	社团数
2013	0.58	13
2014	0.59	15
2015	0.57	12
2016	0.50	14
2017	0.59	14
2018	0.65	18

(一)游戏知识疆域的内容特征

本书进而研究了不同知识社团的分布。首先，对游戏类别每年的标签网络进行社团划分的结果显示，每年讨论的话题类别较为集中和稳定。本书对历年每个社团特征进行计算，每个社团的集聚系数、平均直径、平均最短路径等数据如表4.3所示。可见，各个社团的直径和最短路径分布比较集中，各年间差异不大，集聚系数有先下降再上升的趋势。

表4.3 基于Louvain算法的游戏社团划分结果

年份	节点总数	边总数	平均集聚系数	网络传递性	网络直径	平均最短路径
2011	82	155	0.61	0.21	7	2.90
2012	148	239	0.56	0.18	6	2.85
2013	329	658	0.57	0.16	7	3.08
2014	627	1 457	0.65	0.09	8	2.77
2015	865	2 418	0.45	0.13	10	2.64
2016	1 159	3 796	0.54	0.14	6	2.67
2017	1 443	7 480	0.59	0.17	7	3.03
2018	2 578	21 198	0.61	0.11	6	2.77

如图4.5至图4.12展示了通过Louvain算法得到的2011年至2018年历年社团划分的具体情况，从图中可以看出，从2011年到2018年，

用户在游戏领域的知识分享趋势呈现先慢后快的爆发性增长，社团的规模和内容丰富度也得到了极大的提升。图 4.4 中 2011 年的游戏类别的问题数量和标签数比较少，一共划分出了 5 个社团：游戏、腾讯、棋牌游戏、迪士尼和电子竞技，其中占比最高的是游戏（50.7%），然后是腾讯（37.4%），但腾讯社团的内容较少讨论游戏领域的话题，而更多的是有关早期社交软件的话题。如图 4.5 所示，2012 年的游戏类别共划分出了 9 个社团：游戏、网络游戏、单机游戏、手机游戏、游戏开发、棋牌游戏、电子竞技、家游戏机等其中占比最高的是游戏，占比超过三成，然后是网络游戏（16.2%）、游戏开发（14.2%）、棋牌游戏（10.3%）。

扫码看高清彩图

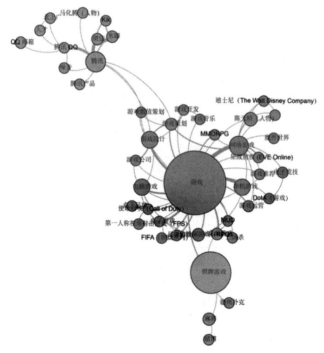

图 4.4　2011 年社团划分

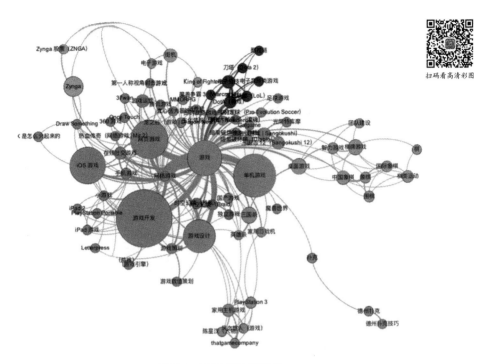

图 4.5　2012 年社团划分

2013 年的游戏类别共划分出了 13 个社团（如图 4.6 所示），其中占比前十的社团为：游戏、网络游戏、手机游戏、单机游戏、游戏开发、棋牌游戏、桌面游戏、电子竞技、家用游戏机、角色扮演游戏（RPG）。除游戏类社团外，占比最高的是网络游戏（占比为 18.5%）和手机游戏（占比为 10.5%）。桌面游戏和棋牌游戏成了两个不同的社团，本文认为出现该现象的可能原因是 2013 年出品了多款热门的桌面游戏（如《三国杀》《英雄杀》《炉石传说》等），这也表明了游戏种类日益丰富和游戏形式日益创新。

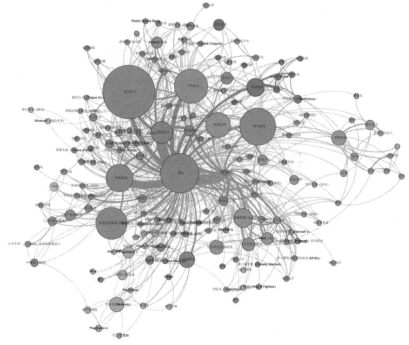

图 4.6　2013 年社团划分

图 4.7 中 2014 年的 15 个社团中除游戏社团外占比最多的是游戏开发（17.8%），其次是电竞（17.1%），然后是手机游戏（12.4%）。直播是新产生的一个社团，占比为 1.4%，但社团的规模比较小，主要由网络直播、现场直播、卫星电视等节点组成。2014 年的手机游戏社团规模超过了网络游戏和单机游戏。我们认为，智能手机的快速发展和普及促进了手机游戏的发展，也引发了用户对这一领域问题的广泛关注和讨论。2014 年也出现了很多与新技术有关的节点，比如全息投影、体感技术、Kinect 编程等标签，说明用户在游戏领域的讨论更加深入和具体。

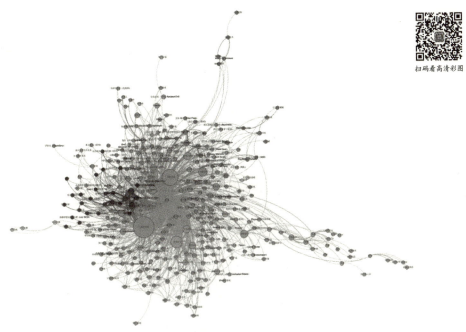

图 4.7　2014 年社团划分

2015 年的社团划分情况如图 4.8 所示，除游戏社团外，电竞成为了最大的社团，占比为 20.2%，其次是手机游戏（15.3%）、网络游戏（12.1%）和桌面游戏（9.4%）。游戏策划、游戏设计、游戏运营成为了三个独立的社团，一共占比达一成，本文认为出现该现象的可能原因是用户除了体验游戏之外，对于游戏的设计和策划也有了更多的兴趣，这对于游戏的设计人员提出了更高的要求，用户对于游戏的品质有了更多的期待。虚拟现实社团占比 1.6%，该社团中包含有虚拟现实、增强现实、VR 设备、3D 技术等节点。图 4.9 中 2016 年占比前 4 的社团是网络游戏（18.9%）、电竞（18.8%）、手机游戏（13.9%）和家用游戏机（13.1%）。家用游戏机的社团节点有 77 个，比 2015 年增加 114%（36）。直播的社团节点有 28 个，比 2015 年增加 154%（11）、，这说明在一些具体的游戏领域，用户的讨论话题的丰富度增加，反映出游戏行业知识疆域的丰富。

扫码看高清彩图

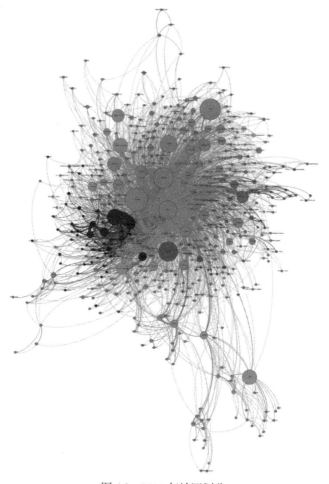

图 4.8　2015 年社团划分

从 2017 年开始，游戏类别的标签数量和社团的规模急剧增长（如图 4.10 所示）。2017 年游戏类别共划分出了 14 个社团，其中占比前 10 的社团为：电竞、直播、ACG 文化、手机游戏、网络游戏、家用游戏机、王者荣耀、单机游戏、桌面游戏、虚拟现实。电竞占比最高为 19.4%，直播占比为 15.5%，手机游戏占比为 11.5%，ACG 文化占比为 10.7%。

王者荣耀在是 2015 年 11 月由腾讯游戏天美工作室群开发并运行的一款手机游戏，2017 年的王者荣耀社团的节点已多达 176 个，截至 2020 年年末有 178 万人参与过王者荣耀话题的讨论。本书分析，在游戏领域的知识分享行为是用户促进用户游戏体验和技能的关键要素，知识的分享有助于用户总结和升华自己的游戏经验。另外，用户对游戏领域的讨论问题更加细致，出现了更多"抄袭""原创""游戏音乐设计""角色设定""用户体验"等话题。本书分析，简单的靠玩法和剧情吸引用户的做法已经行不通，应更多地关注游戏细节的设计，进一步创新的用户体验，以及更细致的剧本打磨。

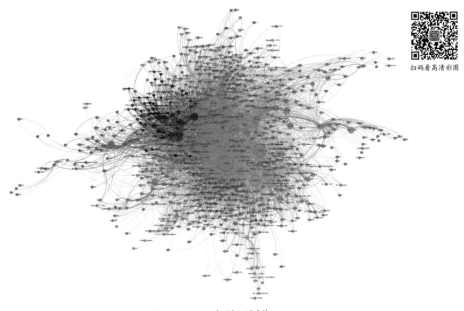

图 4.9　2016 年社团划分

2018 年的社团划分情况如图 4.11 所示，ACG 文化占比为 24.5%，其次是电竞（23.6%）、手机游戏（10.3%）和网络游戏（9.6%）。ACG

文化社团从 2017 年诞生后迅速扩张，本书分析，近年来 ACG 文化在年轻人中越来越流行，也和游戏的关系越来越紧密，很多游戏的 IP 来自 ACG 文化，从 2017 年开始，游戏领域和动漫、二次元领域的联系越来越紧密，IP 之间的合作与创新的现象层出不穷。从 2014 年开始，直播领域最先和游戏领域产生关联，后来演变成一条更加完整的关系链条。人工智能技术和机器学习技术更多是在游戏开发和运营的话题中，产生着密切的联系和变革。

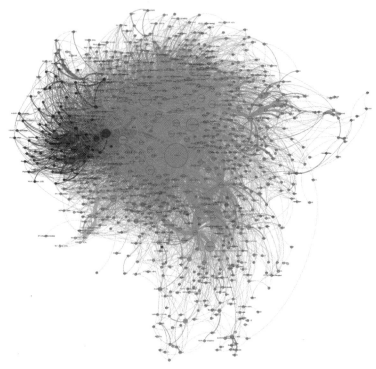

图 4.10　2017 年社团划分

2011—2018 年，游戏类在线知识传播社团聚类中心话题不断变迁，比如 2011 年"棋牌类游戏"作为一大类游戏分支，拥有最高的网络中心度和核心地位，后逐渐边缘化，到 2014 年被"桌面类游戏"取代，再到 2016 年"卡牌游戏"拥有最高的网络中心度和核心地位。再如 2014 年，游戏领域中出现的"全息投影""体感技术"等新型技术，还是一些很边缘的类别，到 2016 年已经发展成为游戏领域中至关重要的一大技术类别，包含从 3D 建模、打印的图像技术，到 VR、AR 等混合现实技术，再到体感、追踪等先进的游戏技术和设备。手机游戏这个类别的模式也经历了丰富的变化，深刻反映着国内手机游戏的变革和发展历程。

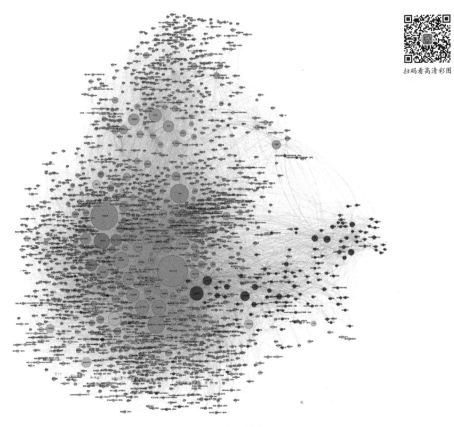

图 4.11　2018 年社团划分

(二)游戏知识疆域的演化规律

本节进一步探究游戏知识疆域的演化规律。具体而言,本节对每年的标签共现网络中每个社团的边和点进行筛选,筛选之后的社团按照点权比例从大到小排序,每年保留排名前 10 的社团,对于不足 10 个社团的年份,则保留全部的社团。在此基础上,计算历年每个社团中的标签与下一年的标签以及标签所属社团间的演化关系,并通过 Pyecharts 算法进行可视化呈现。如图 4.12 所示,不同色块代表不同年份的社团,除 2011 年仅有 4 个社团,2012 年 8 个社团外,2013—2018 年均为 10 个社团。其中边的粗细表示社团比重的大小。

图 4.12　2011—2018 年社团演化

图 4.12 显示了不同年份社团间的演化机制。

第一,从整体上看,在 2015 年之前,不同年份的社团之间的连边主要发生在相同的社团类别中。比如,2012 年电子竞技社团中的节点有 79% 和 2013 年电子竞技社团中的节点相连接;2013 年手机游戏社团中的节点有 72% 和 2014 年手机社团中的节点相连接;2014 年家用游戏机社团中的节点有 60% 和 2015 年家用游戏机社团中的节点相连接、有 15% 和 2015 年游戏设计社团中的节点相连接。2015 年之后,不同年份的社团之间的连边变得更多样,边的权重分配也趋向均匀。这说明,随着技术的发展和游戏领域内涵变得越来越丰富,游戏领域内知识的"跨界"分享和传播变得更加普遍。

第二,从微观上看,随着时间推移,大部分新产生的社团,与之前的社团有着紧密的连接。例如,2013 年的桌面游戏社团是从 2012 年棋牌游戏社团、单机游戏社团和游戏社团诞生的，即 2013 年桌面游戏社团中的节点与 2012 年这三个社团中的节点都有较高的关联度。再比如，2015 年虚拟现实社团是从 2014 年游戏社团、游戏技术社团、家用游戏机社团和手机游戏社团诞生的；即 2015 年虚拟现实社团中的节点与 2014 年这四个社团中的节点都有较高的关联度。

完全新产生的社团是 2017 年的动画—漫画—游戏（ACG，Anime-Comic-Game）文化社团。根据原始数据分析，ACG 文化、动漫相关的内容原本在影视领域中（在 2017 年以前 ACG 文化与动漫、网络文学等的关联性更强），但从 2017 年开始 ACG 文化相关的内容与游戏领域融为一体，这与当时国内游戏产业迅速发展的趋势是一致的。

此外，我们还观察到了一些"消失的"社团，但它们的节点仍然和之后的社团有连边，也就是说，旧的社团虽然消失了，但节点还在，且演化成了新的社团。比如 2011 年腾讯社团中的节点分别和 2012 年游戏社团、网络游戏社团和游戏开发社团产生了连边。比如 2014 年角色扮演游戏（RPG）社团中的节点分别和 2015 年网络游戏社团、手机游戏社团、游戏运营社团和游戏设计社团产生了连边，也就是说 2014 年角色扮演游戏（RPG）社团中的节点到了 2015 年演化到了这四个社团中。

表 4.4 展示了 2011—2018 年游戏知识疆域的内容特征，由各节点在每年出现的累计权重计算得出。从知识疆域内容层面来看（如表 4.4 所示），首先整体看来，关于游戏领域的讨论内容主要包括：(1) 对游戏类型的讨论，相关标签包括单机游戏、手机游戏、网络游戏、家用游戏机、桌面游戏等；(2) 对游戏产业的讨论，相关标签包括游戏开发、游戏设计、游戏文化、游戏运营等；(3) 对游戏技术的讨论，相关标签包括游戏技术、虚拟现实等；以及最近几年新出现的 (4) 与游戏相关行业的讨论，相关标签包括直播、电子竞技、ACG 文化等。

表 4.4 知识疆域内容标签

社 团	标 签
电子竞技	英雄联盟，刀塔，守望先锋，反恐精英，魔兽争霸 3，英雄联盟职业联赛（LPL），星际争霸 2，风暴英雄，中国电竞，LOL 英雄，电竞选手，电子竞技类游戏，电竞赛事，EDG 战队（Edward Gaming），WE 战队
ACG 文化	网络直播，百度贴吧，Cosplay，全职高手，Fate/Zero，全职高手，特摄片，配音，配音演员，LoveLive!，轻小说，玩具，高达，JoJo 的奇妙冒险，ACG 产业
直播	斗鱼直播，直播，网络主播，卢本伟，游戏外挂，网络直播，游戏主播，网络暴力，虎牙直播，哔哩哔哩直播，美女主播，芜湖大司马（游戏主播），熊猫 TV，ChinaJoy，视频直播
家用游戏机	PlayStation 4，任天堂 Switch，家用游戏机，家用主机游戏，Xbox One，PlayStation，黑暗之魂，Xbox，塞尔达传说，怪物猎人世界，掌机游戏，任天堂 3DS，血源诅咒，游戏手柄，侠盗猎车手 5
桌面游戏	狼人杀，游戏王，炉石传说，桌面游戏，卡牌游戏，三国杀，战锤 40000，杀人游戏，桌面角色扮演，万智牌，龙与地下城，集换式卡牌游戏，狼人游戏，桌游吧，桌游推荐
王者荣耀	王者荣耀，英雄，氪金（充值行为），王者荣耀 KPL 职业联赛，王者荣耀皮肤，游戏外挂，张大仙（游戏主播），排位赛，孤影（游戏主播），排位，猪队友，最强王者，铭文（王者荣耀），游戏代练，游戏辅助
游戏开发	游戏卡发，Unity（游戏引擎），计算机图形学，3D 建模，游戏引擎，游戏服务器，独立游戏开发，虚幻引擎，手机游戏开发，iOS 游戏开发，3D 渲染，Autodesk Maya，技术宅，Android 游戏开发，游戏特效
游戏设计	游戏设计，Paradox 公司，游戏公司，游戏行业，游戏美术设计，游戏运营，游戏数值策划，三维设计软件，游戏设计师，桌游设计，游戏界面设计，游戏剧情，游戏关卡设计，游戏策划师，游戏 UI 及 UE 设计
网络游戏	绝地求生，网络游戏，steam，第一人称视角射击游戏（FPS），电脑游戏，剑侠情缘网络版叁，网易，坦克世界，穿越火线（CF），网页游戏，天涯明月刀，星战前夜，网络游戏运营，西山居，艺电
手机游戏	阴阳师（游戏），第五人格，荒野行动，腾讯游戏，三国杀（手机），部落冲突：皇室战争，恋与制作人，手机游戏，手游运营，手游推广，手游社区，乙女向游戏，手游策划，流行手游
单机游戏	单机游戏，独立游戏，彩虹六号，Minecraft（我的世界），Ubisoft（育碧），刺客信条，使命召唤，魔兽争霸，国产单机游戏，尼尔：机械纪元，仙剑奇侠传，最终幻想，模拟人生，生化危机，上古卷轴，小小梦魇

第三，从具体节点上看，每个类别下权重高的节点，也是该领域用户最关注的话题，比如家用游戏机中"Xbox One""PlayStation 4""任天堂 Switch"都是目前最流行的游戏机设备；"塞尔达传说""侠盗猎车手 5""怪物猎人世界"都是当时流行的游戏机游戏；而"红白机"是任天堂公司发行的第一代家用游戏机，说明还有很多用户对传统的游戏机有较多的关注，该节点也是出现较早并能保持较高权重的节点。

三、热门网络游戏的网络结构演化规律

（一）热门网络游戏的演化规律

本节进而研究了热门网络游戏的演化规律。总体来说，知识分享平台的游戏标签节点，在产生之后彻底消失的比较少，大部分的游戏标签节点还会多次出现，一些热度下降的游戏可能被讨论的次数变少，或是相较于其他游戏被讨论的比例下降。所以本节采用"出现次数权重"（即被用户提及次数）这个指标来表现游戏话题的生存情况和用户的讨论情况，并将其定义为节点的"关注度"。

首先，随着年份的增长，热门网络游戏的整体关注度增加。2011—2014 年用户对于网络游戏的关注度还很少，2015—2017 年稳步增加，在 2018 年增长的速度最快。其次，关注度最高的四个游戏是《英雄联盟》《王者荣耀》《绝地求生》和《Dota2》，这四款游戏都是竞技性的游戏，其中三款游戏是多人在线战术竞技类游戏（Moba），《绝地求生》是战术竞技型射击类沙盒游戏。然后，几款游戏的关注度的增长幅度都很大，2017 年《王者荣耀》以 803.3% 的增长率，从 2016 年的排名第 3，成为 2017 年排名第 1 的游戏；2017 年《阴阳师》以 375% 的增长率从 2016 年排名第 13 到 2017 年排名第 7；2018 年《地下城与勇士》以 741.9% 的增长率从 2017 年的排名第 13，一跃成为 2018 年排名第 8 的游戏；2018 年《英雄联盟》以 618.4% 的增长率依旧保持排名第 1。

（二）"王者荣耀"和"阴阳师"的知识标签结构特征

根据中国音像数字出版协会游戏工作委员会和权威游戏数据研究院联合发布的《2016年移动游戏产业报告》，2016年中国手机游戏市场规模首次超过端游，并以近60%的增速跃居游戏市场榜首。其中腾讯的《王者荣耀》和网易的《阴阳师》最为耀眼。据统计，作为网易日活跃用户（DAU）最多的手机游戏，《阴阳师》日活跃用户高峰时约1 000万，2016年下半年取得30亿元营收。2016年，《王者荣耀》营收达到70亿元，2017年春节日活跃用户峰值达到8 000万，这两款游戏都是深受用户喜爱的热门作品。本节从知识分享平台中，用户对上述两款游戏的提及以及进一步形成的文本语词共现网络结构的视角，探讨了这两款游戏的发展机制以及用户对这两款游戏关注度的变化。本节选取腾讯的《王者荣耀》和网易的《阴阳师》作为个体案例进行深入分析，探讨用户如何建构游戏领域的在线知识。本节旨在利用在线知识建构网络的变化分析具体两款游戏的特征及其变化规律，从而对游戏的实践和应用产生启示意义。

图4.13至图4.16展示了2015—2018年节点《王者荣耀》和节点《阴阳师》的网络结构图，从图中可以看出节点《王者荣耀》比节点《阴阳师》出现得早，《阴阳师》的网络结构的发展的规模和速度与《王者荣耀》相比有较大的差距。图4.16中，《阴阳师》的网络图关联节点有同类型游戏或与游戏产业相关的节点；《王者荣耀》的网络图中关连节点有同类型游戏，游戏产业或游戏技术的节点，还有与直播和主播等领域相关的节点。如图4.15和图4.16所示，《阴阳师》的网络图中关联节点有同类型游戏、游戏产业，以及二次元文化相关节点，还有少量与直播相关的节点，以及少量《阴阳师》的专有名词；《王者荣耀》的网络图中有大量非同类型的游戏节点，游戏产业、游戏技术或游戏研究相关的节点，

大量与直播、电竞相关的节点,和二次元文化相关节点,还有很多《王者荣耀》的专有名词,以及少量流行词汇。

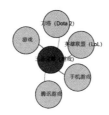

图 4.13　2015 年《王者荣耀》网络结构图

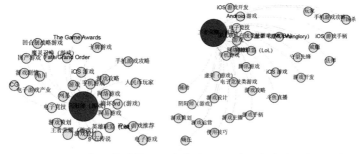

图 4.14　2016 年网络结构图(左为《阴阳师》,右为《王者荣耀》)

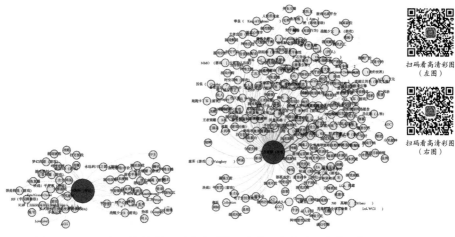

图 4.15　2017 年网络结构图(左为《阴阳师》,右为《王者荣耀》)

第四章　在线知识传播的领域知识疆域　　107

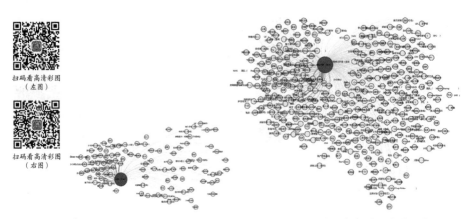

图 4.16　2018 年网络结构图（左为《阴阳师》，右为《王者荣耀》）

总的来说，节点《王者荣耀》和节点《阴阳师》的网络结构差异主要体现在以下几个方面。第一，《王者荣耀》相较于《阴阳师》网络规模大，发展速度快。《王者荣耀》自身产生的话题与专有名词的规模远超"阴阳师"。第二，《王者荣耀》和不同类型的游戏节点产生了广泛的连接，例如，"王者荣耀"与游戏产业文化领域的标签节点、游戏研究相关的标签节点以及二次元文化相关标签节点的连接相较于《阴阳师》更多；而《阴阳师》的关联节点其语义内涵更窄，多是只与该游戏直接相关的标签产生连边。第三，《阴阳师》缺失了《王者荣耀》在直播和电竞领域的节点连接。

本节分析了游戏标签网络的特征和演化趋势，从理论视角来看，一个学科的知识结构即该学科所包含的知识元素及其相互关联所形成的具有层次结构的知识体系[1]。游戏领域的知识分享不仅停留在学术和教育领域，大众传播知识的现象也很普遍，游戏领域从业者，技术领域从业者，游戏玩家，甚至二次元爱好者都有自己的理解和贡献。总体来看，既往

1　牟冬梅，琚沅红，郑晓月等. 基于时间—关键词共现分析的学科动态知识结构研究——以国外图书情报学为例 [J]. 图书情报工作，2017，61（12）：21-31.

研究或基于较少的文献数据或专注于特定的领域，对游戏领域知识体系的发掘在时间跨度、内容的广度和深度上还有所欠缺，尤其是基于社会化媒体的在线知识分享系统的知识体系。

从研究方法来看，本节利用较大规模用户行为数据，挖掘了基于在线内容分享平台的游戏领域信息分享规律，通过社会网络分析，以及Louvain算法，对大规模知识文本进行分析和可视化呈现。基于较大规模用户行为的研究能够更客观、更准确地刻画用户分享习惯，有效规避了传统测量方法所产生的主观偏差。

游戏产业具有巨大的经济价值和文化价值。中国互联网产业的人口红利正在逐渐消失，导致整个游戏产业进入存量博弈时代，当下对于游戏领域的内容知识传播机制的研究不多。本节对游戏知识疆域结构特征、内容特征和演化规律进行深入分析，研究结论对于游戏设计、策划和运营等方面有一定的启示意义。

从社会意义来看，合理适度的游戏允许人类在模拟环境下挑战和克服障碍，可以帮助人类开发智力、锻炼思维和反应能力、训练技能、培养规则意识等。游戏的发展是人类社会的推动力之一，推动着社会的发展和前进，游戏的创新、成果转化、产品应用、学习教育等环节依赖于知识在社会个体中的有效传播。本书有助于了解游戏领域大众知识传播的内在规律，为游戏知识传播疆域的全局性探究提供客观依据，探索游戏领域今后值得研究的问题，揭示未来的流行趋势。

第三节　教育标签知识建构

教育是关系国计民生的重大问题之一。针对教育知识生产的研究，对于个人和家庭发展、国家教育体系改善、社会发展和进步有着重要的意义，同时为新时代知识生产的理论研究提供了新的角度。本节旨在勾勒以知乎为代表的在线问答平台所生产的教育领域知识疆域内容和结构特点、知识生命周期及微观上知识社团内部节点变化趋势，对当下用户自发协同的教育知识生产现状展开传播学分析。

首先，从宏观内容层面，基于知乎用户自发的教育知识生产，其知识疆域呈现出怎样的内容及结构特征？对此研究问题，本书想要探讨的内容有：（1）在内容层面来看，2012—2018年，知乎问答平台中用户在教育领域的知识生产重点和兴趣发生了怎样的变化？（2）哪些话题的出现使得用户对教育知识的兴趣激增？

一、建构教育话题下的标签共现网络及知识社团

根据前述标签网络的建构方法，本书将知乎全局标签网络中的教育社团剥离出来进行深入研究。此处值得一提的是，知乎平台于2012年开放注册，在用户邀请制的影响下，2011年教育社团呈现出的内容并不准确。本书利用Geiph复杂网络分析软件生成2011年教育社团的网络，如图4.17所示。网络中节点的颜色和标签的大小均代表节点度，颜色越深、标签字体越大，则该节点度越高。同理，节点之间连边的颜色深浅代表边的权重。由图4.17可知，2011年教育网络中，除了"大学""中国教育"等内容外，"调查类问题""爱情"等非教育类的内容成为了中心节点。为了研究结果的普适性及准确性，本书将2011年的数据剔除，即从其开放注册的2012年开始进行下一步的分析研究。

为了避免因社团划分算法不稳定而造成的标签遗漏，本书对八年间教育网络中的标签进行回溯，即将上年在教育社团但本年不在教育社团而出现在其他社团中的标签进行回溯识别，并将这些标签重新纳入本年教育网络之中。教育原始网络及回溯后网络标签节点数量如图4.18所示，

回溯后的网络标签数量略大于原始网络，两者增长趋势一致。

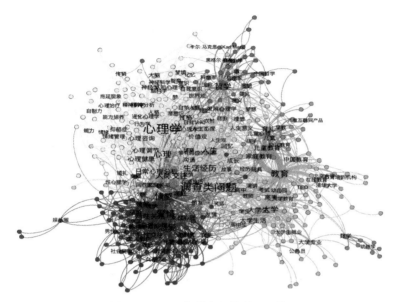

图 4.17 2011 年教育标签共现网络

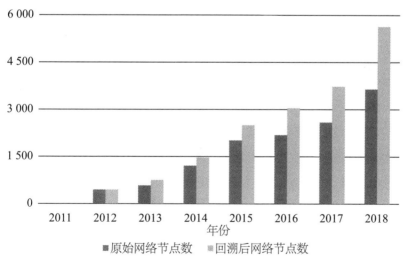

图 4.18 教育原始网络与回溯后网络标签节点数增长规模对比

（一）教育标签共现网络的描述

按照处理知乎平台全局共现网络的方法，本书继续建构了教育领域的标签共现网络，各年网络节点数量如图 4.19 所示。

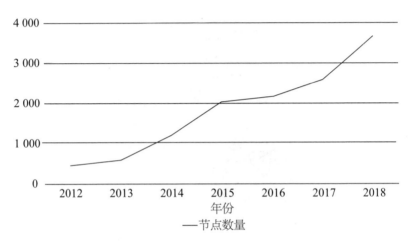

图 4.19　教育标签贡献网络各年节点数量

根据网络节点数量的变化，我们可以直观地看到随着知乎开放注册，用户讨论量也在逐渐增加。聚焦于教育话题，7 年间的内容所涵盖的标签数量逐年增加，2015 年和 2018 年分别是两个激增的时间节点，标签数量增长同比超过 60% 和 50%。

刻画网络节点重要性的指标有很多，本书最先考虑到的指标是节点度，即一个节点直接邻居的个数，一般认为节点的度越大则它在网络中就越重要。例如，在话题传染过程中、传染病流行过程中、信息传播过程中，如果初始病患/一级传播者在网络中的度很大，那么话题、传染病和信息则有更大的可能在网络中扩散开来[1]。

1　Lü L, Zhou T, Zhang Q-M, et al. The H-Index of a Network Node and Its Relation to Degree and Coreness[J]. Nature Communications, 2016, 7(1): 1–7.

研究对比了 7 年间网络中节点度最高的 15 个节点，即网络中讨论数量最高、生产内容最多的标签，结果如表 4.5 所示。"大学""教育""留学""考研"等标签被提及的次数最高，并且节点度最高的节点逐渐集中于与"留学""考研"相关的标签，如"留学美国""英语学习""大学专业"等。

表 4.5 2012—2018 年教育网络节点度排名前 15 的节点

时间	节点度排名前 15 的节点
2012	教育、大学、学习、英语、职业规划、工作、英语学习、职场、大学生、职业发展、留学、求职、人力资源（HR）、职业、学习方法
2013	教育、学习、大学、留学、美国、英语、大学生、英语学习、儿童教育、高考、考研、留学美国、翻译、语言、学习方法
2014	大学、教育、留学、学习、大学生、英语、美国、英语学习、考研、留学美国、就业、高考、大学生活、研究生、语言
2015	大学、教育、留学、学习、大学生、高考、英语、考研、高中、留学美国、大学生活、美国、英语学习、就业、数学
2016	大学、留学、教育、考研、X 是种怎样的体验、高考、学习、留学美国、大学生、英语、美国、研究生、就业、英语学习、高中
2017	考研、大学、高考、留学、教育、大学生、学习、大学生活、留学美国、高中、研究生、英语、留学英国、大学专业、英语学习
2018	大学、教育、考研、高考、大学生、学习、高中、大学生活、英语、研究生、大学专业、学生、就业、高中学习、数学

（二）标签网络节点回溯

为了提升下一步社团划分的稳定性，本书对原始的教育标签网络进行了节点回溯，将上年出现在教育社团但本年未出现在教育社团的标签节点重新加入该社团，例如，2012 年出现在教育社团但于 2013 年出现在非教育社团内的节点，被重新加入到 2013 年教育社团中；回溯后的 2013 年教育社团节点数等于原本 2013 年教育社团数，加上 2013 年其他社团中来自 2012 年教育社团的节点数。回溯前后的网络节点数如表 4.6 所示，各年节点数量都有所上升。

表 4.6 教育标签网络回溯前后节点数

时间	原始网络节点数	回溯后网络节点数
2011	/	/
2012	429	429
2013	570	727
2014	1 195	1 444
2015	1 996	2 483
2016	2 151	3 017
2017	2 570	3 707
2018	3 643	5 592

为证明标签回溯的有效性，本书计算了回溯前后两个网络的模块度。经过标签回溯，教育网络的模块度平均提升了 0.3 左右，社团内部结构强度更大，社团划分质量更高。通过此种方法，有利于下一步对教育社团的语义识别和分析。

二、标签网络节点的生命周期

（一）始终存活的节点

为了进一步研究标签节点的语义和结构特征，本书在 2012—2018 年每年新出现并一直存在至 2018 年的节点中，选取了 2018 年出现次数排名最高的 50 个节点，表 4.7 展示了不同生命周期节点的数量及代表节点的标签。该表中"生命周期"表示节点存在的年份数，"节点数量"代表该生命周期内的所有节点数，例如第一行的含义是：从 2012 年出现一直活跃至 2018 年的节点，它们的生命周期为 7，此类节点在教育网络中一共有 362 个，右侧是出现次数最高的 50 个节点示例。

通过分析，本书发现，生命周期较长、生存时间较长的标签节点具有抽象化、一般化的特点，这些标签自出现开始节点度呈现指数级上升，成为各自社团内部的主要连接节点。例如生命周期为 7 的节点有：大学、教育、考研、高考、留学等，这些节点权重随时间不断上升、连边越发紧密，最终成为网络中最重要的基础性节点。生命周期为 5、6、7 的节点几乎都具有此类特征，是早期网络形成的基础性节点，组成了网络中各类重要话题和知识疆域的框架，具有开拓性的意义。其后几年的新生节点，包括生命周期尚不足 4 年的节点，它们的语义呈现出更强的时效性，大多与当年所发生的事件有关，语义层面也更加具体、更加特殊化。例如生命周期为 3 的"校园暴力"，反映出当年人们开始关注校园暴力的话题，有关避免和惩戒校园暴力的知识开始出现；一些存活时长刚刚满一年的节点，包括"陶崇园""2018 年高考""2018 年考研"等，则时效性更强。

表 4.7 节点生命周期

生命周期	节点数量	节点度排名前 50 的节点
7	362	大学、教育、考研、高考、留学、大学生、学习、高中、工作、大学生活、职场、英语、研究生、大学专业、学生、就业、高中学习、公务员、教师、英语学习、儿童教育、大学生就业、职业发展、职业规划、应届毕业生、孩子、公务员考试、留学英国、求职、学习方法、留学美国、家庭教育、高中生、跨专业考研、毕业、考试、面试、高考复读、高考志愿、高效学习、大学寝室、学校、薪酬待遇、兼职、人力资源（HR）、实习、自考本科、出国、出国读研、日语
6	281	美国、宿舍、高三、专升本、宿舍关系、考研复习、成长、大学专业选择、硕士、中考、文科生、留学澳大利亚、英国、生物专业、高考志愿填报、教师资格证、澳大利亚、留学加拿大、法律硕士（非法学）、诈骗、高考生、知识、法学专业、钱、国外、大学生学习、雅思备考、保研、外国人、考研计划、母亲、二本、培训、学习规划、法国、教育学、大学教师、研究生导师、大学就读体验、自主招生、小学、学习成绩、会计学硕士、宿舍生活、初中生、学生会、农村、信息、文字、熊孩子

续表

生命周期	节点数量	节点度排名前50的节点
5	542	艺考、室友、SNH48、考研经验、大学室友、高考冲刺、大一、香港、未来、专科生、考研择校、武汉、德国、大专生、室友关系、学前教育、工商管理硕士（MBA）、普通大学、就业方向、转专业、高二、意大利、编导、跨考、高考数学、高中语文、寝室关系、成绩、广东省、汉语言文学、高考技巧、欧洲、高中生活、幼儿园教师、考研vs.就业、艺伴美术生、艺术设计、女生宿舍、与父母相处、英国大学、理科生、作文、沈阳、美术高考、校园生活、自考专升本、中国传媒大学、成人高考、美国本科留学、档案
4	743	数学、青春、大学生兼职、深圳市、同学关系、艺术生、努力、复读生、大专学历、英国硕士留学、天津、高等数学、高考复习、奋斗、选择、郑州、自考专科、河南、励志、深圳工作、一本大学、播音主持、广播电视编导、个人发展、中等专业学校（中专）、大二、高三党、材料科学工程、河北省、数学分析、新闻学、高三复习、资格证、概率、大学生困惑、技校、高等数学（大学课程）、生活费、机械工程、英语高考、自动化专业、湖北、考研准备、高一、微积分、北方、师范生、假期、大连、播音
3	603	金融学、回忆、校园暴力、X是种怎样的体验、南京、山东、高考报考、智商、自动化、金融专业、江苏、法律硕士（法学）、北大清华、计算机考研、比赛、会计学（学科）、青少年、法学考研、体验、创新、福州、零基础、智力、辅导班、宿舍室友、高中地理、QQ聊天、视觉传达设计、管理学、旅游管理、在校大学生、语言表达、霸凌（Bully）、美好回忆、烟台、WPS Office、农学、行业前景、女博士、航空发动机、医科、应用心理学、遗憾、测绘工程、微电子、自动控制、美好、分享、县城、跨专业考教师资格证
2	795	签证、西安、高中物理、旅游签证、药学、景观设计、北京电影学院、风景园林学、环境工程、美术学院、护照、福建、视觉传达、中央戏剧学院、山西、出入境、陕西、优秀、规划、拒绝、画室、全国卷、菲律宾、中央美术学院、园林设计、雅思写作、计算机科学与技术专业学生、合租、市政工程、与人交往、港澳通行证、八大美院、园林景观设计、写作业、新高考制度改革、能源与动力工程、中国美术学院、犯困、特长、压力大、请假、做作业、法学院、数字媒体艺术、高考物理、西安旅游、洛阳、新生军训、河南高考、签证办理

续表

生命周期	节点数量	节点度排名前 50 的节点
1	1673	自制力、女大学生、文科、济南、2018 年高考、2018 高考志愿填报、MBA、英语四六级、宁波、非全日制、浙江新高考改革、无锡、培训班、成人自考、高学历、党员、双非高校、2018 考研、影视表演、高考建议、语音、高中教辅、珠三角、网络课堂、日语自学、泉州、动力、制药工程、安全工程、陶崇园、生物制药、意志力、自制力、就业规划、周末、进步、预备党员、林业、充实自己、经济独立、迟到、集中精神、中国现当代文学、数字媒体、自律力：你有多自律就有多自由、绍兴、地理位置、山东人、公式、统招专升本

（二）逐年消失的节点

本书通过节点回溯，教育网络中逐年消失的节点，即本年教育网络中存在但消失于下一年全局网络中的节点，并按照节点度提取了历年消失的节点中节点度排名前 15 位的节点。如表 4.8 所示，消失的节点大多具有较强的时效性，例如 2014 年消失的节点——"群山回唱"实则是一本 2013 年出版的图书，在阅读热潮过后该标签消失。从其语义特点上看，它们都是较为具体化、具有一定特殊性的标签，大部分语义抽象化、一般化的标签节点，其生命周期都会较长。此外，本年消失的节点在上年的网络中的节点度往往较低，平均约为 2.6。

表 4.8　节点度排名前 15 的消失节点

时间	历年消失节点度排名前 15 的节点
2013	创业招聘、X 的原理、柏林、职位、中国科学院、记录、非政府组织、大城市、讲座、古典、薪资福利、学士、酒吧经验、二锅头、英孚
2014	有道词典、电子词典、教育信息化、优达学城、暑期实习生、美国就业、世界大学排名、语文题、edX、香港高校研究生、上古汉语、管理考研、越南语、群山回唱、海归创业
2015	俞敏洪（人物）、深泉学院（Deep Spring College）、就业培训、MFA、批量下载、印第安纳大学、方言本字、杭州师范大学、偷渡、南京邮电大学、社团外联、VIE 结构、广西大学、汉语发音、报纸杂志
2016	学前教育学、理性思考、开房、大学差距、英语聊天、攀比、英孚英语、学校制度、数学难题、西班牙文学、英国美食、谚文、电脑桌面、同学会、报考大学

续表

时间	历年消失节点度排名前 15 的节点
2017	出国工作、法律博士 J.D.Juris Doctor、出国打工、留学考试、入门教程、经典绘本、管理考研、职业生活、交朋友、法国人、五道口、联合国妇女权益和国际和平日、影视专业、Management、比较类问题
2018	参军、父母与孩子、留学意大利、化学工程、校园欺凌、本科自考、华德福教育、留学小课堂、高职、郑州地图、睡个好觉、托福分数、文化冲击、环境科学、中国大学 MOOC

三、教育领域知识标签社团结构

（一）划分和描述知识社团

为了更加深入地探究教育标签共现网络的内容和结构，我们利用 Louvain 算法对知乎教育领域的知识标签网络进行社团划分，通过社会网络分析中的指标——模块度（Modularity）——对社团的聚类特征进行初步判断。据前所述，模块度取值在 [0，1] 之间，取值越大说明其社团的聚类特征越明显，社团内部节点紧密程度越高，与外部节点的紧密程度越低[1]。由表4.9可以看出，教育领域知识标签社团每年的模块度在0.8左右，该标签网络具有较明显的社团结构，网络聚类特征较为明显。

表 4.9 Louvain 算法社团划分结果

年份	网络节点数	社团划分模块度	社团数
2012	429	0.745	5
2013	727	0.861	11
2014	1 444	0.844	10
2015	2 483	0.826	10
2016	3 017	0.827	10
2017	3 707	0.83	13
2018	5 592	0.848	12

---

1 De Meo P, Ferrara E, Fiumara G, et al. Generalized Louvain Method for Community Detection in Large Networks[C]. 2011 11th International Conference on Intelligent Systems Design and Applications. IEEE, 2011: 88–93.

表4.10 知乎教育知识疆域的内容特征

年份	职业就业	留学	港澳求学	基础教育	在线教育	学习效率	语言	英语	其他语言	大学	考试	高等教育	继续教育	论文	高等数学	电子	性别	艺考	宿舍关系	其他	地理区位
2012	125	63		93		50	98				44			30						6	
2013	86	136		90	11	82		79	74	89										2	
2014	136	269	23	330				118	147	275		133	11								
2015	222	427	35	554			355			528		249			105	4				4	
2016	266	546	39	794				186	230	329		530	27		70						
2017	248	756	37	815			421			493		653	78		80	59	3	57		7	
2018	364	769		998			737			1003		1109	99	86			5	120	58		244

接下来，我们对社团进行了语义识别，最终形成的知乎教育知识疆域的内容特征如表 4.10 所示。从知识疆域层面来看，在过去的 7 年间，教育知识疆域存在明显的网络聚类特征，主要的知识社团包括：职业就业、留学、基础教育、高等教育、在线教育、学习效率、继续教育、语言、大学、高等数学、电子等。其内容主要呈现出以下几个特征：

第一，大部分社团呈现出比较稳定的结构，"职业就业""留学""基础教育"等社团于 2012—2018 年均存在，具有较强的稳定性，说明在教育领域人们对这些话题关注最多、讨论最多，生产的知识也最多。此外，部分社团一经出现便一直存在，如"大学""高等教育"等社团，还有少部分社团经历了合并与分裂，如"英语""论文"等。"继续教育"这一社团在经历了合并与分裂后，从 2016 年开始独立并且稳定地存在，随着国家大力建设并不断完善终身教育体系，"继续教育"相关的内容逐渐被引入讨论的场域，正是"继续教育""成人高考"等标签数量不断增加，反映了人们对这一教育领域的关注。

第二，在知识社团内部，在知识生命周期的不同阶段，知识的内涵也在不断发生着变化。例如"职业就业"社团中，2012 年大部分标签主要围绕应届生职业选择，2016 年开始社团中出现了越来越多的职场技能和个人能力培养相关的内容，反映出人们对于职业本质思考、探讨，以及对提升自身职业能力的追求。"留学"社团从 2014 年开始出现大量海外高校的名称，"移民""国外生活"等相关标签的数量也不断上升。此外，人们除了探讨、分享留学相关的经验知识外，也越来越关注到跨文化融合问题，"外国文化""国别歧视"等相关标签出现增长态势。此外，"语言"社团在 2012 年大多与英语学习应用相关，2013 年后其他小语种，如朝鲜语、日语、德语等标签占据了相当的数量，反映了在外语学习交流方面，人们的视野从原本的英语学习不断拓展。互联网的发展为人们提供了丰富的渠道，尤其是近年来与韩国文化、日本文化的交流，为青年人提供了接触和喜爱外国文化的契机。此外，人们对方言也越发重视，致力于保护、推广方言意义重大。

第三，知乎教育领域出现了社团合并的现象。如"港澳求学"社团于2014—2017年均独立于"留学"这一大社团之外，这体现了当时港澳求学的趋势和大潮，而2018年港澳求学趋势逐渐放缓。"学习效率"在2012年、2013年单独成团，之后进入"基础教育"的社团，学习效率相关标签与基础教育标签的连接密度增加，这反映了中国基础教育从原先的填鸭式教育逐渐向科学教育转变，越来越强调让学生通过高效、科学的方法进行学习。近年来艺考大潮波及全国，相关行业不断催生经济繁荣，"艺考"社团于2017年独立成团，此前一直在"基础教育"社团中，现已成为人们关注的重点话题。同样，"宿舍关系"于2018年从"大学"中独立，调查显示有一半以上的学生会受到宿舍人际关系的困扰，尤其"宿舍投毒案"等公共突发事件的发生，引发人们的关注。"英语"在2013年、2014年、2016年也独立于"语言"社团独立存在，两个社团穿插合并与分裂，本书认为造成此类现象的原因主要是社团内外连边结构的不稳定，就此而言，此类社团的分裂与合并并不具有理论层面的社团演化意义，各自社团之间的界限较为模糊[1]。

（二）年度关键知识社团

对教育社团知识疆域的内容特征进行整体描述后，本书将对年度关键知识社团进行深入地分析，进一步发现和讨论它们的内容和结构特征。我们将年度关键知识社团定义为当年标签节点数量最多的社团，标签节点数量最多意味着该社团量级最大，是当年教育领域话题讨论和知识生

---

[1] 张伦，李永宁，吴晔.绘制知识版图：在线知识分享系统的知识协同建构[J].新闻与传播研究，2021，28（1）：52-70+127.

产的热点，也反映了知识生产者的内容偏好。2012—2018年教育领域的年度关键知识社团如表4.11所示，2012年、2013年、2018年的年度关键社团分别为"职业就业""留学"和"高等教育"，2014年至2017年的关键知识节点均为"基础教育"。

表4.11 教育领域的年度关键知识社团

年份	年度关键社团	社团节点数/整个网络节点数
2012	职业就业	125/ 429
2013	留学	136/727
2014	基础教育	330/1 444
2015	基础教育	554/2 483
2016	基础教育	794/ 3 017
2017	基础教育	815 / 3 707
2018	高等教育	1 109 / 5 592

综上所述，本章分别分析了文化产品、游戏和教育社团知识标签的结构和变化规律，深入探究了上述领域知识在知识分享平台中的流度，揭示出相关领域在过去十年的发展规律（例如文化产品的跨媒介叙事趋势，游戏产业的变迁，与教育领域的关注重点变化）。基于标签网络的方法能够发现领域知识涌现出知识内涵的演化规律，在理论和方法层面具有启示意义。

如表4.12所示，研究中，我们按照节点度，选取各年关键知识社团中节点度排名前15的节点。总体来看，2012—2018年，知乎问答平台中用户在教育领域的知识生产重点和兴趣发生了两次转移，分别是2014年开始连续四年保持了对于"基础教育"的兴趣，以及2018年用户对"高等教育"的知识生产兴趣超过"基础教育"。深入到各年的节点来看，2012年"职业就业"社团中节点度最高的节点分别有"职业规划""工作""职场"等较为中观的标签，相关细分领域的标签较少；2013年"留学"社团主要涉及欧美等发达国家的标签,标签内容紧紧围绕留学本身;2014年至2017年的"基础教育"自始至终都聚焦于高考、留学、高中教育等方面,但各年都有当年的特色标签,例如2014年的"教育培训机构""在线教育",2015年的"学习方法""高效学习""名校就读体验",2016年的"X是种怎样的体验""高考志愿",这些标签的出现引发了用户对教育知识的兴趣激增,代表着特定时间下用户话题关注的重点和知识生产的兴趣。

表4.12 年度关键知识社团排名前15的节点

年份	节点度排名前15的节点
2012 (职业就业)	职业规划、工作、职场、职业发展、求职、人力资源(HR)、职业、招聘、面试、大学生就业、就业、应届毕业生、公务员、实习、简历
2013 (留学)	留学、美国、留学美国、出国、研究生、留学申请、英国、移民、留学英国、法国、澳大利亚、留学生、加拿大、博士、美国文化
2014 (基础教育)	教育、学习、高考、儿童教育、学习方法、高中、成长、家庭教育、考试、教师、自学、教育培训机构、学生、在线教育、学校
2015 (基础教育)	教育、学习、高考、高中、家庭教育、儿童教育、学习方法、学生、教师、成长、考试、学校、名校就读体验、青春、高效学习
2016 (基础教育)	教育、X是种怎样的体验、高考、学习、高中、儿童教育、高考志愿、教师、钓鱼(广义的)、学生、学校、考试、家庭教育、教育培训机构、教育培训
2017 (基础教育)	高考、教育、学习、高中、X是种怎样的体验、高考志愿、儿童教育、高中学习、高中生、教师、学校、学生、高考志愿填报、学习方法、教育培训
2018 (高等教育)	考研、研究生、跨专业考研、金融学、考研经验、考研复习、考研咨询、硕士、博士、生物专业、科研、国家统一法律职业资格考试(法考)、清华大学、考研择校、法律硕士(非法学)

第五章 知识生产和知识采纳机制

在讨论过宏观知识结构和演化规律后,本章将研究视角转向微观的知识贡献个体——知识贡献者。具体而言,本章将讨论用户在线知识贡献的主要动机,和知识的采纳影响因素。

第一节 用户在线知识贡献的主要动机

如前文所言,用户如何在在线知识生产平台中进行知识生产对社会发展至关重要。作为信息获取的重要途径,通过在知识共享平台中的求索,用户可以习得一定的科学知识。在在线知识共享平台中,具备科学素养的个体获取并传播知识信息,以了解世界及科学技术对社会的影响,并明智地参与需要知识的社会事务[1]。从管理的角度来看,留住积极贡献

1　Vrana R. Promotion of Scientific Literacy and Popularization of Science with Support of Libraries and Internet Services[C]. European Conference on Information Literacy. Springer, 2013: 324–330.

知识的用户对在线知识分享系统的可持续性发展是至关重要的[1]。通过贡献时间、精力和信息，平台可以让更多用户获益。反之，活跃用户的流失将对系统带来灾难性的后果。

然而，我们尚未充分理解人们在线知识贡献行为的本质以及影响知识贡献成功与否的基本因素。首先，以往研究对用户在线知识贡献的行为意愿进行了集中讨论，却忽略了该行为的一个关键维度——知识贡献的持续性。知识贡献的持续性指的是个体在在线知识分享平台中反复贡献知识的行为，它反映了平台中用户参与的积极程度和留用意愿，这关系到平台的可持续性和繁荣度[2]；其次，以往研究在很大程度上将知识贡献假定为基于功利性考量的工具性行为。在这种视角下，知识贡献通常被理解为由社会奖励、社区意识和社会归属感等外部效益驱动，而不是由个人内在利益触发的参与行为[3]。

基于认知评价理论（Cognitive Evaluation Theory，CET）[4]，本节旨在探讨知识贡献行为持续性的内生动力。对于那些积极参与知识贡献的用户而言，内在因素为他们这种利他行为提供了合理解释。个体行为的内在因素则是解释自我激励行为如何提升知识效能并维持知识贡献行为的

1　Chiu C-M, Hsu M-H, Wang E T. Understanding Knowledge Sharing in Virtual Communities: An Integration of Social Capital and Social Cognitive Theories[J]. Decision Support Systems, 2006, 42(3): 1872—1888.Guo L, Tan E, Chen S, et al. Analyzing patterns of user content generation in online social networks[C]//Proceedings of the 15th ACM SIGKDD international conference on Knowledge discovery and data mining. 2009: 369–378. Hashim K F, Tan F B. The Mediating Role of Trust and Commitment on Members' Continuous Knowledge Sharing Intention: A Commitment-Trust Theory Perspective[J]. International Journal of Information Management, 2015, 35(2): 145–151.
2　Hashim K F, Tan F B. The Mediating Role of Trust and Commitment on Members' Continuous Knowledge Sharing Intention: A Commitment-Trust Theory Perspective[J]. International Journal of Information Management, 2015, 35(2): 145–151.
3　Ardichvili A. Learning and Knowledge Sharing in Virtual Communities of Practice: Motivators, Barriers, and Enablers[J]. Advances in Developing Human Resources, 2008, 10(4): 541–554.
4　Ryan R M, Mims V, Koestner R. Relation of Reward Contingency and Interpersonal Context to Intrinsic Motivation: A Review and Test Using Cognitive Evaluation Theory[J]. Journal of Personality and Social Psychology, 1983, 45(4): 736.

理论机制。具体而言，本文试图通过分析用户的行为指标来理解为什么有些用户在很长一段时间内持续贡献他们的知识，而另一些用户却迅速结束知识贡献。我们认为，成功的和可持续的知识贡献不仅取决于技术的相对优势和权威的强制力量，还取决于自我监管的效用[1]。

一、知识贡献的内在动机

内在动机（Intrinsic Motivation）指的是人们出于兴趣，或是为了从体验中获得乐趣和满足而参与某项活动[2]。知识贡献的内在动机包括知识贡献活动带来的愉悦感和内在满足感。即便一些行为模型（如技术接受模型和理性行为理论）表明外部激励和内在动机共同触发了人们的行为意图，但以往大量研究表明知识贡献是一种享乐主义和自我认可导向的行为[3]，很大程度上忽视了在线知识贡献行为的内在动机因素[4]。在本书中，我们认为，在线知识共享平台作为一种自主环境（Self-Determined Environment），它促成了内在动机在驱动用户知识贡献行为中的作用，即表现为一种自我激励的学习行为。

与线下建制性机构截然不同的是，在线知识共享平台是将知识贡献的责任交付到贡献者手中的自主环境[5]。具体而言，知识贡献者可以不受

---

1 Tseng F-C, Kuo F-Y. The Way We Share and Learn: An Exploratory Study of the Self-Regulatory Mechanisms in the Professional Online Learning Community[J]. Computers in Human Behavior, 2010, 26(5): 1043–1053.
2 Deci E L, Ryan R M. The Empirical Exploration of Intrinsic Motivational Processes[M]. Advances in Experimental Social Psychology. Elsevier, 1980: 39–80.Lin H-F. Effects of Extrinsic and Intrinsic Motivation on Employee Knowledge Sharing Intentions[J]. Journal of Information Science, 2007, 33(2): 135–149.Olatokun W, Nwafor C I. The Effect of Extrinsic and Intrinsic Motivation on Knowledge Sharing Intentions of Civil Servants in Ebonyi State, Nigeria[J]. Information Development, 2012, 28(3): 216–234.
3 Wolfe C, Loraas T. Knowledge Sharing: The Effects of Incentives, Environment, and Person[J]. Journal of Information Systems, 2008, 22(2): 53–76.
4 Gagné M. A Model of Knowledge-Sharing Motivation[J]. HUMAN RESOURCE MANAGEMENT, 2009: 20.
5 Chen K-C, Jang S-J. Motivation in Online Learning: Testing a Model of Self-Determination Theory[J]. Computers in Human Behavior, 2010, 26(4): 741–752.

外部义务约束地、独立地获取和提供信息，他们有机会就是否提供信息做出决策，也可以通过选择提供信息或无须承担退出风险地结束知识贡献行为来提升自己的自主地位[1]。相比之下，线下知识贡献通常发生在由领导等非学习者控制的组织中。也有研究发现，在自主环境中，由于个体有机会对自己的行为负责，因此个体行为是受内在动机驱动的[2]。鉴于此，在高度自主的在线知识共享平台中，用户参与知识贡献行为的内在动机得到了促进和增强。

解决问题（Problem Solving）是在线知识贡献的基础[3]。在线知识分享平台为用户提供了一个可以通过积累、分享和传递知识来参与和支持他人解决问题的机会。而这种问题解决活动是极具创造性和挑战性的（如发现别人提出的具有挑战性的问题），用户积极从事这种活动也是一个克服挑战的过程。在这一过程中，用户可以通过主动学习来提升他们的知识水平和专业程度[4]。因此，在这种自主环境中，用户在线知识分享行为的内在动机与他们是否参与主动学习以及他们愿意付出多少努力密切相关。从这个意义而言主动学习行为是用户知识贡献内在动机的主要表现。

因此，在本书中，我们引入了三个主动学习行为指标来对知识贡献者的内在动机进行测量：（1）知识贡献的策略，（2）知识贡献者关注其他用户的数量，和他们（3）关注话题的数量（见图5.1）。后两个解释因素代表了网络学习行为的主观能动性，而知识贡献的策略表明了用户

1　Dickinson L. Autonomy and Motivation a Literature Review[J]. System, 1995, 23(2): 165–174.
2　Deci E L, Ryan R M. Self-Determination Theory. In: Lange PAMV, Kruglanski A W, Higgins ET, ed. Handbook of Theories of Social Psychology. Los Angeles: SAGE, 2012. 416-436. Gagné M. A Model of Knowledge-Sharing Motivation[J]. HUMAN RESOURCE MANAGEMENT, 2009, 48(4): 571-589.
3　Yu J, Jiang Z, Chan H C. The Influence of Sociotechnological Mechanisms on Individual Motivation toward Knowledge Contribution in Problem-Solving Virtual Communities[J]. IEEE Transactions on Professional Communication, 2011, 54(2): 152–167.
4　Yu J, Jiang Z, Chan H C. The Influence of Sociotechnological Mechanisms on Individual Motivation toward Knowledge Contribution in Problem-Solving Virtual Communities[J]. IEEE Transactions on Professional Communication, 2011, 54(2): 152–167.

学习行为的积极程度[1]。

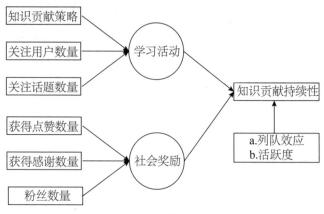

图 5.1　知识贡献的影响因素

本书认为，贡献者通常采用"探索"和"开发"这两种不同的策略贡献知识。探索策略涉及用户使用某些超出自己熟知领域的方法或信息来解决问题。为了更好地解决问题，探索策略会涉足新领域和新主题的探索实践。另外，开发策略则涉及用户使用当前的知识、概念或范式来为特定问题提供解决方案，从而对个体现有知识贡献和生产能力进行提升和扩展。

内在动机会影响人们从事某一行为的强度和持续性[2]。在线学习行为

1　March J G. Exploration and Exploitation in Organizational Learning[J]. Organization Science, 1991, 2(1): 71–87.
2　Verdugo V C. The Positive Psychology of Sustainability[J]. Environment, Development and Sustainability, 2012, 14(5): 651–666. Chiu C-M, Hsu M-H, Wang E T. Understanding Knowledge Sharing in Virtual Communities: An Integration of Social Capital and Social Cognitive Theories[J]. Decision Support Systems, 2006, 42(3): 1872–1888. Olatokun W, Nwafor C I. The Effect of Extrinsic and Intrinsic Motivation on Knowledge Sharing Intentions of Civil Servants in Ebonyi State, Nigeria[J]. Information Development, 2012, 28(3): 216–234. Tseng F-C, Kuo F-Y. The Way We Share and Learn: An Exploratory Study of the Self-Regulatory Mechanisms in the Professional Online Learning Community[J]. Computers in Human Behavior, 2010, 26(5): 1043–1053. Wasko M M, Faraj S. Why Should I Share? Examining Social Capital and Knowledge Contribution in Electronic Networks of Practice[J]. MIS Quarterly, 2005, 29(1): 35–57.

的投入程度提高了学习者对自己解决问题能力的满意度，继而可能延长他们在线知识贡献的持续时间。本书认为，在线知识分享平台中的内在动力会增强用户知识贡献的连续性。

二、知识贡献的外部奖励

外部奖励是指外部利益相关者所奖励的利益，如金钱和声誉回报。在在线知识共享平台的背景下，研究发现包括人际认可、互惠和信任等社会奖励是驱动用户贡献知识的最重要的外部奖励之一[1]。社会奖励提供了来自他人的反馈，积极反馈通常与期待和成就感相关，因而这种积极反馈也是人们获得积极体验的重要方面[2]。基于此，他人的反馈作为一种外部奖励机制，激励着用户进一步向在线社区贡献知识[3]。综上，本书认为，在在线知识分享平台中获得的外部奖励可能会增强用户知识贡献的连续性。

更重要的是，认知评价理论解释了外部结果对内部动机的影响[4]。具体到本书中，于在线知识分享平台中获得一定社会奖励的用户日后也会

---

[1] Chen C-J, Hung S-W. To Give or to Receive? Factors Influencing Members' Knowledge Sharing and Community Promotion in Professional Virtual Communities[J]. Information & Management, 2010, 47(4): 226–236.Hashim K F, Tan F B. The Mediating Role of Trust and Commitment on Members' Continuous Knowledge Sharing Intention: A Commitment-Trust Theory Perspective[J]. International Journal of Information Management, 2015, 35(2): 145–151.Tseng F-C, Kuo F-Y. The Way We Share and Learn: An Exploratory Study of the Self-Regulatory Mechanisms in the Professional Online Learning Community[J]. Computers in Human Behavior, 2010, 26(5): 1043–1053.
[2] Loewenstein G. Anticipation and the Valuation of Delayed Consumption[J]. The Economic Journal, 1987, 97(387): 666–684.Rozin P, Lowery L, Imada S, et al. The CAD Triad Hypothesis: A Mapping between Three Moral Emotions (Contempt, Anger, Disgust) and Three Moral Codes (Community, Autonomy, Divinity)[J]. Journal of Personality and Social Psychology, 1999, 76(4): 574.
[3] Wang H, Sun C T. Game reward systems: Gaming experiences and social meanings[C]. DiGRA conference. 2011, 114.
[4] Ryan R M, Mims V, Koestner R. Relation of Reward Contingency and Interpersonal Context to Intrinsic Motivation: A Review and Test Using Cognitive Evaluation Theory.[J]. Journal of Personality and Social Psychology, 1983, 45(4): 736.

进一步参与在线学习行为。根据认知评价理论，外部奖励有两个功能属性：一是控制功能，即满足外部需求的同时也是奖励与行为之间相互转化的工具手段；二是信息功能，它提供了关于个体能力的积极反馈[1]。假设这两个方面的相对显著性决定了奖励是否会增加或减少个体参与某项活动的内在动机，外部社会奖励的信息功能便促进了它向内部感知转化的因果路径，同时也带来了个体对自身能力的感知。用户将他们的成功归功于自己积极投入的努力工作，因此，认为自己胜任某项活动会增加个体参与该活动的内在动机[1]。

在在线知识分享平台的研究背景下，社会奖励反映了知识接受者对贡献者解决问题效率的评价，这种反馈的积累反映了贡献者的整体知识能力水平[2]。社会奖励有助于调节用户的效能信念（Efficacious Beliefs）[3]，也就是说，个人会调动他们在学习活动中获得的自信感和对自身能力的感知[4]，高效能信念的个体更有可能付出更多的努力去从事主动学习行为，而不是被动地对外部环境力量做出反应[5]。在这方面，社会奖励将显著提升用户对学习行为的参与度，从而延长其知识贡献的寿命。因此，学习活动参与度会是社会奖励对知识贡献持续性产生影响的中介因素。具体而言，获得外部奖励会增强用户学习活动的参与度；在模型中引入

---

1 Deci E L, Ryan R M. The Empirical Exploration of Intrinsic Motivational Processes[M]. Advances in Experimental Social Psychology. Elsevier, 1980: 39–80.
2 Havakhor T, Soror A A, Sabherwal R. Diffusion of Knowledge in Social Media Networks: Effects of Reputation Mechanisms and Distribution of Knowledge Roles[J]. Information Systems Journal, 2018, 28(1): 104–141.
3 Tseng F-C, Kuo F-Y. The Way We Share and Learn: An Exploratory Study of the Self-Regulatory Mechanisms in the Professional Online Learning Community[J]. Computers in Human Behavior, 2010, 26(5): 1043–1053.
4 Bandura A, Wood R. Effect of Perceived Controllability and Performance Standards on Self-Regulation of Complex Decision Making[J]. Journal of Personality and Social Psychology, 1989, 56(5): 805.
5 Bandura A. The Explanatory and Predictive Scope of Self-Efficacy Theory[J]. Journal of Social and Clinical Psychology, 1986, 4(3): 359–373.

学习活动参与度的影响后，外部奖励对知识贡献连续性的直接作用将显著降低。

在模型中，我们还引入队列效应（Cohort Effect）和用户活跃度变量，以控制用户累积经验和声望对知识贡献持续性可能产生的混淆效应。知识贡献的持续性会受到用户进入平台时间的正向影响，早期用户群体比后期用户群体更有可能持续贡献知识[1]。知识贡献的持续性还可能受到知识贡献活动频率的影响，鉴于时间成本，经常贡献知识的用户可能很难维持长时间的高频贡献活动。

三、研究方法

（一）数据收集

本节纳入分析的数据来自知乎（Zhihu.com）2 030 000 个问题和针对这些问题的 7 770 392 名用户的回答。但由于大规模数据会使得统计分析在选定的 Alpha 水平上更容易拒绝零假设（如 $p < 0.05$ 通常被认为是具有显著统计意义的）[2]，我们随机抽取了 1 000 名用户，进一步获取他们在平台上的行为记录和个人信息（包括用户类型、性别、粉丝量、关注人数、关注的话题和问题数量、获得的点赞和感谢次数）。将回答问题少于 5 个的用户排除后，本书最终获得 9 249 名有效用户。

接下来，我们收集了这 9 249 名用户在 2019 年 3 月 14 日前发布的问题的回答行为记录，共有针对 676 673 个问题的 1 028 898 条回答。此外，研究还进一步收集下列有关这些回答的信息：答案 ID、回答时间、

1　Guo L, Tan E, Chen S, et al. Analyzing patterns of user content generation in online social networks[C]. Proceedings of the 15th ACM SIGKDD international conference on Knowledge discovery and data mining. 2009: 369–378. Zhu J J, Zhou Y, Guan L, et al. Applying User Analytics to Uses and Effects of Social Media in China[J]. Asian Journal of Communication, 2019, 29(3): 291–306.

2　Orben A, Przybylski A K. The Association between Adolescent Well-Being and Digital Technology Use[J]. Nature Human Behaviour, 2019, 3(2): 173–182.

问题 ID、问题标题和问题发布时间。数据中所有收录问题的发布时间为知乎上线之日 2010 年 12 月 20 日至 2019 年 1 月 9 日，答案发布时间为 2010 年 12 月 23 日至 2019 年 3 月 14 日。

（二）变量测量

对用户知识贡献行为的测量。在本书中，我们采用了一种计算方法来对用户的在线知识贡献行为进行建模。首先，我们采用用户分析方法，通过考虑用户的行为特征（即用户的学习活动和他们获得的社会奖励），将驱动用户知识贡献活动的动机进行操作化测量[1]。与传统的调查方法相比，基于行为数字痕迹的用户分析可以更客观地揭示并洞察用户的行为动机。此外，我们还通过对用户长期回答问题中包含词汇标签的文本挖掘，建构了用户的知识贡献策略的概念，并对知识贡献策略进行了测量。由于传统的内容分析和 LDA 主题建模都无法处理噪声术语和恶意内容的混杂干扰，我们通过对平台整个标签共现网络中标签的平均路径长度的结构分析，对传统的知识贡献策略测量做出了新的贡献。

参考以往相关研究，本书对变量的测量如下：我们使用（1）用户获得的感谢次数，（2）点赞数，和（3）关注数作为在线社会奖励的衡量指标。对于信息贡献内在动机，我们采用以下三项行为指标：（1）知识贡献策略，（2）知识贡献者关注其他用户的数量，以及（3）他们关注话题的数量。

如前文所述，采用探索策略的用户回答了他们以前没有涉足过的领域中的问题。相比之下，采用开发策略的知识贡献者会持续关注他们自己熟悉领域的问题。以往有研究使用熵值来衡量知识贡献的探索程度，

---

[1] Zhu J J, Zhou Y, Guan L, et al. Applying User Analytics to Uses and Effects of Social Media in China[J]. Asian Journal of Communication, 2019, 29(3): 291–306.

例如，杰米·默多克（Jaimie Murdock）等学者[1]使用了基于熵的指标——KL散度来反映用户更倾向于何种知识贡献策略，KL散度越高，表示越接近知识贡献的探索策略；反之，KL散度越低，越符合知识贡献的开发策略。

然而，这种基于熵的测量方法并不能精准地衡量用户在同一知识领域内和不同知识领域之间的知识贡献策略。在此类在线知识分享平台中，用户可以通过选择几个关键词标签标记他们的问题，标签在同一问题中出现则表示两者之间具有共现关系，由此构成平台中跨多领域的、复杂的标签网络。在本书中，我们使用"标签共现网络"的跨越性来对用户知识贡献的探索程度进行"元"测量，而不是人工定义用户关注的话题的种类和数量。

信息检索领域的学者发现，主题相同的文本文档比主题不同的文本文档之间共享的词汇更多[2]。也就是说，问题主题以标签集群的形式在一些共享术语的问题中出现；在全局标签网络，归属同一主题的标签中间具有较小的网络路径长度。因此，网络中标签之间的平均路径长度可以用来衡量问题主题的多样性，反映知识贡献的探索策略程度。具体来说，我们计算了每个用户回答问题所包含的标签之间的平均路径长度，这定义了用户知识贡献的探索程度。具体而言，对于每个用户来说，在他/她回答的问题中，标签之间的平均路径长度越长，用户知识贡献策略的探索程度就越高；相反，标签之间的平均路径长度越短，知识贡献策略的开发程度就越高。在具体指标计算上，我们使用来自260万个问题的全部标签数据集来测量每个用户回答问题所包含标签在网络的平均路径长

---

[1] Murdock J, Allen C, DeDeo S. Exploration and Exploitation of Victorian Science in Darwin's Reading Notebooks[J]. Cognition, 2017, 159: 117–126.
[2] Hearst M A, Pedersen J O. Reexamining the cluster hypothesis: Scatter/gather on retrieval results[C]. Proceedings of the 19th annual international ACM SIGIR conference on Research and development in information retrieval. 1996: 76–84.

度（共有 76 379 个标签）。首先，我们计算了网络中任意两个标签之间的最短距离，然后，对于每个用户，我们计算了用户回答的问题中任意两个标签之间的平均最短路径，作为用户知识贡献策略的测量指标。

（三）数据分析

研究采用结构方程模型分析了内生动力对知识贡献行为的中介作用。结构方程模型是一种测量和估计变量间因果关系的统计工具，模型中一些因果关系可能是潜在的，需要使用统计数据和定性假设才能判定和发现。潜在因果关系中的自变量也被称为潜变量，或称为未观察到的变量、假设性变量，是指不能直接观察到的变量，但可以从观察到的和直接测量到的其他变量中反映出来[1]。

对于知识贡献的持续性，我们通过计算每个用户的最大活动间隔来定义他们的生存时间（即知识贡献的生命周期或持续性）。其中，70%的用户的最大活动间隔小于 210 天。因此，我们将生存时间的阈值划定为 210 天，也就是说，如果用户在 210 天内没有对任何问题进行解答，他们就被视为停止了平台中的知识贡献行为。

四、变量测量与研究发现

（一）测量模型

测量模型的收敛效度和区分效度反映了模型的质量。测量模型的收敛效度又可以通过克莱斯·福内尔（Claes Fornell）和大卫·拉克（David F. Larcker）[1]的三个标准来衡量：(1) 模型中所有潜变量必须在 0.05 水平以上显著，且各因子载荷量（Loadings）都要在 0.5 以上，大多数在 0.7 以上；(2) 所有构念的平均方差提取值（Average Variance

---

1 Fornell C, Larcker D F. Evaluating Structural Equation Models with Unobservable Variables and Measurement Error[J]. Journal of Marketing Research, 1981, 18(1): 39–50.

Extracted Value，AVE）应超过 0.5;（3）所有构念的组合信度（Composite Reliability，CR）应超过 0.7。从表 5.1 可以看出，本书所建构的结构方程模型中，两个构念对因变量的影响都在 0.001 水平以上显著，因子负荷均在 0.5 到 0.93 之间，内生动力与社会奖励的平均方差提取值（AVE）的值分别为 0.74 和 0.61，CR 值分别为 0.89 和 0.73。综上，评价模型收敛效度的所有标准均得到满足，表明我们选取的指标有效测量了内生动力和社会奖励两个潜变量。

表 5.1　测量模型效度

构念	指标	因子载荷（Loading）	平均方差提取值（AVE）	组合信度（CR）
内生动力	关注话题数量	0.47***	0.74	0.89
	关注用户数量	0.65***		
	知识贡献测量	0.53***		
社会奖励	获得点赞数量	0.93***	0.61	0.73
	粉丝数量	0.76***		
	获得感谢数量	0.88***		

注：*** $p<0.001$，** $p<0.01$，* $p<0.05$。

对于区分效度，每个构念的平均方差提取值（AVE）平方根应该大于模型中构念之间的相关性[1]。分析表明，本书的模型中，两个构念的平均方差提取值（AVE）平方根值（AVELearning = 0.74；AVESocialRewards = 0.61）均大于两个概念之间的相关值（$B=0.17, p<0.001$）。因此，模型也符合判别效度的标准，表明我们所选取的测量指标可以对内生动力与社会奖励两个概念进行有效区分。

1　Chin W W. The Partial Least Squares Approach to Structural Equation Modeling[J]. Modern Methods for Business Research, 1998, 295(2): 295–336.

(二)知识贡献持续性的分布特征

如图 5.2 关于用户知识贡献连续性的分布直方图所示,用户知识贡献的平均生命周期为 352 天,标准差为 395.75。知识贡献的持续性呈现出重尾分布,这表明大多数用户知识贡献的持续时间相对较短(通常不到 500 天),很少有用户持续长时间地贡献知识(例如,知识贡献超过 1 500 天)。基于这一分布特征,我们将知识贡献持续性这一变量取对数(以 10 为底数)后放入结构方程模型,以规避变量中的极端值给分析结果带来的误差。

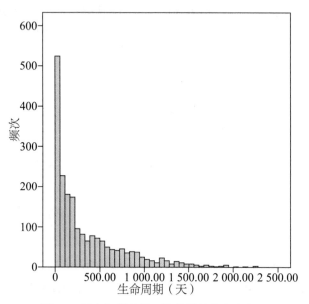

图 5.2 用户知识贡献可持续性的分布直方图

(三)基于结构方程模型的数据分析

表 5.2 呈现了观测变量的描述性统计结果和相关矩阵,表 5.3 为结构方程模型分析结果。模型检验的第一步是检验研究模型的拟合优度。总的来说,该模型解释了因变量变异方差的 24%。如表 5.3 中结构方程

表 5.2 观测变量描述性统计及相关矩阵

	均值	标准差	关注用户数量	关注话题数量	获得感谢数量	获得点赞数量	粉丝量	活跃度	列队效应	生存周期（单位：天）
知识贡献策略	1.80	0.09	0.26***	0.13***	0.15***	0.08***	0.10***	0.00	0.48***	0.33***
关注用户数量	115.65	246.03		0.23***	0.16***	0.11***	0.13***	-0.03	0.25***	0.17***
关注话题数量	52.08	113.92			0.03	0.02***	0.10***	-0.03	0.14***	0.13***
获得感谢数量	814.87	4 062.96				0.86***	0.55***	-0.02	0.10***	0.07***
获得点赞数量	3 360.34	24 416.04					0.57***	-0.01	0.07***	0.03***
粉丝量	1 938.12	12 202.36						-0.02	0.17***	0.11***
活跃度	0.07	0.10							-0.01	-0.11***
列队效应	1 403.07	588.65								0.43***
生存周期	352.12	395.75								

注：***p < 0.001，**p < 0.01，*p < 0.05。

模型分析的结果表明，依据多项指标，模型拟合程度是可以接受的，两个模型的卡方统计量均显著（$Chi^2_{模型1}$ = 4.01, p < 0.001；$Chi^2_{模型2}$ = 132.90, p < 0.001）。但是，正如各种代替性的拟合优度指标显示，模型并不是充分拟合的，近似值的均方根误差（$RMSEA_{模型2}$ = 0.01；$RMSEA_{模型2}$ = 0.05）高出了 0.05 的基准值[1]，但均在迈克尔·W. 布朗（Michael W. Browne）和库德克（Cudeck）[2]建议 0.08 临界值以下的可接受范围内。此外，比较拟合指数（$OFI_{模型1}$ = 0.996；$CFI_{模型2}$ = 0.97）和卡方与自由度的比值（模型 1 为 1.002，模型 2 为 7.38）均低于拟合优度的可接受阈值。

我们进而对图 5.1 理论框架中的假设分别进行了检验。为了验证社会奖励对知识贡献连续性的影响及内生动力在其中的中介关系，我们比较了一组嵌套模型的结果。如表 5.3 所示，模型 1 检验了社会奖励对知识贡献的连续性的直接效应，同时它也嵌套在具有中介效应的完整模型（模型 2）中。

学习活动的参与度（β = 0.36, p < 0.001）对知识贡献的持续性有显著的直接影响，用户学习活动参与度越高，知识贡献行为持续的越久。研究还发现，在模型 1 中，社会奖励对知识贡献持续性有直接显著的影响（β = 0.06, p < 0.001），而在模型 2 中引入内生动力影响后，社会奖励对知识贡献持续性的直接影响则不再显著。此外，社会奖励对学习活动参与度有显著影响（β = 0.31, p < 0.001）。

---

[1] Byrne B M. Structural Equation Modeling with AMOS, EQS, and LISREL: Comparative Approaches to Testing for the Factorial Validity of a Measuring Instrument[J]. International Journal of Testing, 2001, 1(1): 55–86.
[2] Browne M W, Cudeck R. Alternative Ways of Assessing Model Fit[J]. Sociological Methods & Research, 1992, 21(2): 230–258.

表 5.3 知识贡献持续性的结构方程模型

	模型 1				模型 2			
	标准化系数	估计系数	标准误	C.R.	标准化系数	估计系数	标准误	C.R.
关注话题数量←学习行为					0.24**	1.00		
关注用户数量←学习行为					0.40***	3.55	0.43	8.35
知识贡献策略←学习行为					0.68***	0.002	0.0001	8.65
获得点赞数量←社会奖励	0.38***	1.00			0.45***	1.00		
粉丝量←社会奖励	0.96***	1.25	0.33	3.75	0.72***	0.81	0.15	5.39
获得感谢数量←社会奖励	0.57***	0.25	0.04	5.66	0.76***	0.28	0.04	8.00
知识贡献持续性←内在动机	0.06**	199.88	81.30	2.46	0.36***	0.006	0.002	0.004
知识贡献持续性←社会奖励					−0.01	−28.93	78.58	−0.37
学习行为←社会奖励					0.31***	0.00	0.00	5.55
知识贡献持续性←活跃度	−0.10***	−2 009 452 518.69	382 860 067.05	−5.25	−0.10**	−265.598	11.959	−22.209
知识贡献持续性←列队(队)效应	0.42***	24 124.83	1 170.61	20.61	0.18***	0.0001	0.000 05	0.02
模型拟合								
CFI	0.996				0.977			
Chi-square	4.014				132.897			
自由度	4				18			
RMSEA	0.01				0.056			

注：***$p<0.001$，**$p<0.01$，*$p<0.05$。

然后，我们通过巴伦（Baron）和肯尼（Kenny）[1] 提出的程序检验了学习活动是否在社会奖励对知识贡献持续性的影响关系中存在显著的中介效应，这一程序是检验第三个变量影响的最常用方法[2]。其中，中介关系的显著性用 Sobel 检验值（Z 值）来衡量。本书中，检验得到的 Z 值为 5.32（$p < 0.05$），表明变量间存在显著的中介关系。此外，在线学习的引入使"社会报酬→知识贡献的连续性"因果路径的系数从 0.06（$p < 0.01$）降低到 -0.01（$p > 0.05$）。根据巴伦（Baron）和肯尼（Kenny）[1] 的研究，当中介变量的引入将预测变量和结果变量之间的关系强度降低到接近零时，表明存在完全中介效应。因此，我们认为内生动力完全中介了社会奖励对知识贡献持续性的影响。也就是说，在知识生产平台中获得社会奖励会提升用户的学习活动参与度，从而延长用户知识贡献行为的持续时间。

最后，我们还引入了队列效应和用户活跃度来控制用户累积体验和声望对知识贡献持续性的混淆效应。研究发现，知识贡献的持续性受到用户进入平台时间的正向影响（$\beta = 0.18$, $p < 0.001$），较早进入平台的用户比较晚进入的用户更有可能保持长时间的知识贡献行为。同时，用户的活跃度对知识贡献的持续性有负向影响（$\beta = -0.10$, $p < 0.001$），贡献者的知识分享活动越频繁，其持续知识贡献的时间就越短。

五、在线知识贡献行为的内生与外生动机

本书发现，主动学习活动参与度是维持知识贡献行为内在动机的重要指标，但以往关于知识贡献行为的研究却忽略了这一关键因素。在控

---

[1] Baron R M, Kenny D A. The Moderator–Mediator Variable Distinction in Social Psychological Research: Conceptual, Strategic, and Statistical Considerations.[J]. Journal of Personality and Social Psychology, 1986, 51(6): 1173.
[2] Hayes A F. Beyond Baron and Kenny: Statistical Mediation Analysis in the New Millennium[J]. Communication Monographs, 2009, 76(4): 408–420.

制用户进入平台时间的队列效应和知识贡献活跃度的条件下,参与学习活动(如关注其他知识贡献者、关注特定主题、知识贡献策略的探索程度)是解释知识贡献持续性的最重要因素。本书的这些发现挑战了知识贡献本质上是功利行为的结论。既往研究一般将知识贡献行为描述为社会奖励和自我效能的产物,以往的研究也普遍发现提升职业声誉、获得情感利益(如自尊感)和物质利益是个人参与知识贡献行为的重要动机[1],因而忽略了内生动力这一延长用户知识贡献持续时间的关键动机。

此外,本节还引入了知识贡献策略作为测量用户知识贡献行为的重要因素。知识贡献策略在管理知识贡献行为中的作用对我们理解影响知识贡献持续性的原因具有一定的启发。相比于用户仅解决符合其当前专长领域问题的行为倾向(即开发策略),广泛地探寻问题答案的倾向(即探索策略)预示出知识贡献的可持续性,也更有利于在线知识共享平台中用户的持续参与和发展。

此外,研究还发现了队列效应(Cohort)对知识贡献持续性的影响。早期进入平台的知识贡献者比晚期贡献者更可能维持他们的知识贡献行为。研究还发现,知识贡献的活跃度(即行为频率)与知识贡献的持续性呈负相关,即频繁提供知识的用户通常比不那么频繁提供知识的用户维持贡献的时间更短。

此外,我们还发现,内生动力和获得社会奖励都能强化用户的知识贡献持续程度,二者存在着一种自我强化机制,它鼓励用户致力于追求预期行动的可能结果的目标,并采取更好的策略来实现这一目标。具体来说,那些对知识贡献感兴趣的用户是出于自身利益的追求而不是为了获取外部奖励,他们因此也会更加努力地贡献知识。他们的内生动力更

---

[1] Jian G, Jeffres L W. Understanding Employees' Willingness to Contribute to Shared Electronic Databases: A Three-Dimensional Framework[J]. Communication Research, 2006, 33(4): 242–261.

强，表现为在平台上积极学习新知识，探索可以提供知识贡献的新领域，提高自身知识素养的专业性和有效性。同时，在知识贡献活动中表现出更高的自我效能和专业性的用户也会从平台上的其他用户那里获得更多的信息奖励，从而进一步提升其对自我能力的感知和认同。由此，来自他人的积极反馈将鼓励用户将他们的努力学习行为与获取的成功联系起来，这将加强他们对知识贡献活动的信心[1]，进而也将促使用户更积极地参与知识贡献行为，并延长他们的知识贡献所持续的时间。在这方面，学习和知识贡献的持续性反映出了在线知识共享平台的协同互动关系，也就是说，在平台上积极学习的用户更有可能成为可持续的知识贡献者。

六、线下知识贡献的职业生命周期

本书还有助于理解和预测线下知识贡献行为。以高校学者为例，以往关于学术职业生命周期的研究表明，学者的职业生命周期呈驼峰状，即学术生产率在职业生涯的早期阶段急剧上升，在正式的终身任期审查期间达到峰值。然而，对于大多数多产的研究人员来说，峰值过后，学术生产率的下降非常缓慢。研究人员发现，在大约在积累20年的工作经验后，这些人的学术生产率几乎或甚至没有下降[2]。这些研究还发现，科研工作者的学术生产力是由内在动机驱动的（如，对解决研究难题的个人满足感，对该领域做出贡献的个人需求，以及创造力或好奇心）[3]。如费德里克（Federico Alvino）等学者[4]的研究发现学习是推动专业人士

1　Dickinson L. Autonomy and Motivation a Literature Review[J]. System, 1995, 23(2): 165–174.
2　Goodwin T H, Sauer R D. Life Cycle Productivity in Academic Research: Evidence from Cumulative Publication Histories of Academic Economists[J]. Southern Economic Journal, 1995, 61(3): 728–743.
3　Chen Y, Gupta A, Hoshower L. Factors That Motivate Business Faculty to Conduct Research: An Expectancy Theory Analysis[J]. Journal of Education for Business, 2006, 81(4): 179–189.
4　Alvino F, Agrifoglio R, Metallo C, et al. Learning and Knowledge Sharing in Virtual Communities of Practice: A Case Study[M]. Information Technology and Innovation Trends in Organizations. Springer, 2011: 425–432.

发表研究成果的关键动力。

我们认为，有关在线知识贡献行为持续性的研究结果也可以应用于线下知识生产的情境中。外在激励型的学者在获得终身职位后，由于对改变现状的热情下降，其研究成果可能会减少。他们的个人研究资本存量大幅贬值，进一步降低了他们获得的外部回报，最终缩短了学术职业生命周期。而内在激励型的学者则通过积极的探索和学习来丰富自己的学术生活，从而进一步获得作为一种外部社会回报的研究资本，延长知识生产的生命周期。

从操作上来说，挖掘学者现有的出版与发表记录，可以探知他们进行科学研究的内在动机（例如，他们的知识贡献策略），也可以进一步预测学者未来的学术生产力和生命周期，特别是那些没有被授予终身教职的学者。鉴于本书的思路，未来研究也可以通过确定学者发表的研究论文关键词间的共现网络距离来预测其学术职业生命周期的长短。

第二节　基于知识实体的知识采纳

上一节探讨了知识贡献者知识分享的基本动力。本节将研究视角转至知识采纳者，探究知识采纳的宏观规律。以往学界对于知识采纳的研究集中于个人视角，例如个人采纳意愿、动机、影响因素等[1]，但是缺少从知识结构的角度分析知识采纳行为的研究。结构影响功能，个体和个体之间的相互作用，以及个体在网络中的位置都可能影响知识采纳。以往的知识采纳研究大多将知识概念视为独立个体，忽略了知识概念之间

1　Wang G, Liu X, Fan W. A Knowledge Adoption Model Based Framework for Finding Helpful User-Generated Contents in Online Communities[C]. International Conference on Information Systems. DBLP, 2011.

的相互作用。结构视角作为知识传播、知识生产的重要研究视角之一，对知识网络结构信息的利用能够获得其他文本分析技术难以获得的信息[1]。知识网络的实证研究也已经证明了网络文本分析的研究方法有助于发现新知识、挖掘学科发展趋势。

基于结构视角，本书将个体的知识采纳行为映射到集体层面，建构知识网络，并从知识概念的位置属性和相互作用两个方面理解知识采纳。此外，本书基于大规模在线行为数据，为知识采纳提出了一个新的可量化方式。

一、知识采纳的定义

知识采纳（Knowledge Adoption），即受众认为知识是可接受的、有用的、有贡献的、能够影响个人决策的，以及能够为个人所使用的行为意愿[2]。作为知识转化中的一环，知识采纳是将显性信息转化为内化知识和意义的过程[3]。关于知识采纳的研究关注个体如何决定、为何决定接受某些特定知识。既往研究已经对影响个体知识采纳意愿的因素进行了大量探究，包括但不限于信息有用性、可信度，以及信息质量[4]。例如，霍朝光[5]等人发现，感知知识质量（Perceived Knowledge Quality）、感知知识

---

[1] Cucchiarelli A, D'Antonio F, Velardi P. Semantically Interconnected Social Networks[J]. Social Network Analysis and Mining, 2012, 2(1): 69–95.
[2] Zhang W, Watts S. Knowledge Adoption in Online Communities of Practice[J]. Systèmes d'information & Management, 2016, 21(2): 67.
[3] Chou C-H, Wang Y-S, Tang T-I. Exploring the Determinants of Knowledge Adoption in Virtual Communities: A Social Influence Perspective[J]. International Journal of Information Management, 2015, 35(3): 364–376.
[4] Cheung C M, Lee M K, Rabjohn N. The Impact of Electronic Word-of-Mouth: The Adoption of Online Opinions in Online Customer Communities[J]. Internet Research, 2008.Sussman S W, Siegal W S. Informational Influence in Organizations: An Integrated Approach to Knowledge Adoption[J]. Information Systems Research, 2003, 14(1): 47–65.
[5] Huo C, Zhang M, Ma F. Factors Influencing People's Health Knowledge Adoption in Social Media: The Mediating Effect of Trust and the Moderating Effect of Health Threat[J]. Library Hi Tech, 2018, 36(1): 129–151.

共识（Perceived Knowledge Consensus）和感知信源可信度（Perceived Source Credibility）对于健康知识的采纳都具有积极作用。周千翔等人[1]基于信息性社会影响（Informational Social Influence）和规范性社会影响（Normative Social Influence）的理论框架来探究知识采纳的影响因素，发现信息性社会影响（例如知识质量、信源可信度）和规范性社会影响（例如知识共识、知识评分）都会对知识采纳产生积极作用。瓦利德·穆加希德·拉赫米（Waleed Mugahed Al-Rahmi）等人[2]对214名大学生进行的调查发现，感知有用性、感知风险和使用知识的行为意图是知识采纳的重要决定因素。

知识采纳可以通过受众观念被知识所影响的程度和受众知识使用情况进行测量。例如，在一项关于在线旅游论坛的调查中，研究者通过受众回答"这个信息让我更容易制订旅行计划"等问题的程度，测量受众的知识采纳意愿[3]。在另一项关于健康知识采纳的研究中，研究者设计了"我同意帖子中的健康知识""帖子中的健康知识有助于我完善该领域的知识""我会按照帖子建议的健康知识去做"等问题，测量受众对健康知识的采纳程度[4]。可以看出，以往研究中对知识采纳的测量包含了一个从接受知识到使用知识的过程，知识使用是一种外显的、深度的知识采纳行为。

---

[1] Chou C H, Wang Y S, Tang T I. Exploring the determinants of knowledge adoption in virtual communities: A social influence perspective[J]. International Journal of Information Management, 2015, 35(3): 364-376.

[2] Al-Rahmi W M, Yahaya N, Aldraiweesh A A, et al. Big Data Adoption and Knowledge Management Sharing: An Empirical Investigation on Their Adoption and Sustainability as a Purpose of Education[J]. IEEE Access, 2019, 7: 47245–47258.

[3] Zhang W, Watts S. Knowledge Adoption in Online Communities of Practice[J]. Systèmes d'information & Management, 2016, 21(2): 67.

[4] Huo C, Zhang M, Ma F. Factors Influencing People's Health Knowledge Adoption in Social Media: The Mediating Effect of Trust and the Moderating Effect of Health Threat[J]. Library Hi Tech, 2018, 36(1): 129–151.

在线知识分享平台中，新的知识概念首先被小部分人创建和使用，之后逐渐被其他人所采纳，最终成为众所周知的知识概念。在这一知识采纳的过程中，知识概念被持续使用的时间，反映了该知识被采纳的程度。如果一个知识概念一直被使用，则说明该知识概念至少是被一个群体乃至大众所认可；反之，如果一个知识概念只在很短的时间段内被使用过，说明该知识概念最终没能获得社会的认可，没有被大众广泛采纳。

以往关于知识采纳的定量研究中，研究者往往将知识概念视为没有相互作用的独立客体。但是从结构视角来看，任何一个社会系统的结构都会影响其功能。在知识网络中，知识概念自身的位置以及知识概念之间的相互作用都包含了大量的信息[1]。因此，本书引入结构视角，借助知识概念在知识网络中位置信息以及知识概念之间的相互作用，重新理解和探究影响知识采纳的因素。

二、知识采纳的网络文本分析

网络文本分析（Network Text Analysis）是一种半自动化的知识发现技术，能够从非结构化的文本中提取实体和实体之间的关系[2]。个体所选择使用的词语，其实反映了这些词语在当前语境下在个体脑海中的关联性[3]。也就是说，词语在句子中的共现关系，是因为在个体的认知层面上，这些词语之间存在着某种关联性。从这一角度而言，语言可以表示为由概念和共现关系组成的网络[4]。这种包含了实体以及实体之间关系的

1　Carley K M. Network Text Analysis: The Network Position of Concepts[M]//Text Analysis for the Social Sciences. Routledge, 2020: 79–100.
2　Martin M K, Pfeffer J, Carley K M. Network Text Analysis of Conceptual Overlap in Interviews, Newspaper Articles and Keywords[J]. Social Network Analysis and Mining, 2013, 3(4): 1165–1177.
3　Krippendorff K. Reliability in Content Analysis: Some Common Misconceptions and Recommendations[J]. Human Communication Research, 2004, 30(3): 411–433.
4　Axelord R. Structure of Decision: The Cognitive Maps of Political Elites[Z]. Princeton Univ. Press, New Jersey, 1976(1976).

网络，通常会根据研究对象和研究领域的不同而被具体命名，例如概念网络[1]、知识网络[2]、心智模型[3]、语义网络[4]，或者是元网络[5]。这些网络被认为是语言的社会结构，或者是被认为是一种社会知识的表达方式[6]。

知识网络的形成是个人知识采纳行为的聚合呈现。在在线知识分享平台中，知识网络的建立并不是由平台或者少数的专家所确定的，而是由大量的用户在提问和回答过程中自发建构出的知识网络。大量个体的知识采纳行为经过叠加，最终根据知识采纳的共现关系所建构出的知识网络，是大众知识采纳规律的反映。知识网络作为个体知识采纳行为的聚合，能够表现出知识采纳行为更稳定的模式和特征。借助于知识网络的形式，研究者得以观察大规模人群的知识采纳行为，并分析结构特征对知识采纳的影响。

沿着网络文本分析的研究思路，我们在对网络中一个概念的位置特征进行评估时，可以从以下两个维度出发。一是考察概念在网络中的卷入程度；二是考察概念在其他概念的关系链中的卷入程度。例如，凯瑟琳·M. 卡利（Kathleen M. Carley）[6]在评估时考察了一个概念和其他概念连接的紧密程度，连接的越多，则这个概念在网络中的卷入程度就越

---

1 Carley K. Coding Choices for Textual Analysis: A Comparison of Content Analysis and Map Analysis[J]. Sociological Methodology, 1993, (23): 75–126.
2 Popping R. Knowledge Graphs and Network Text Analysis[J]. Social Science Information, 2003, 42(1): 91–106.
3 Carley K M. Extracting Team Mental Models through Textual Analysis[J]. Journal of Organizational Behavior: The International Journal of Industrial, Occupational and Organizational Psychology and Behavior, 1997, 18(S1): 533–558.
4 Diesner J, Carley K M. Revealing Social Structure from Texts: Meta-Matrix Text Analysis as a Novel Method for Network Text Analysis[M]. Causal Mapping for Research in Information Technology. IGI Global, 2005: 81–108.
5 Diesner J, Carley K M. Conditional Random Fields for Entity Extraction and Ontological Text Coding[J]. Computational and Mathematical Organization Theory, 2008, 14(3): 248–262.
6 Carley K M. Network Text Analysis: The Network Position of Concepts[M]. Text Analysis for the Social Sciences. Routledge, 2020: 79–100.

高，同时他也考察了一个概念位于多少个概念对的路径中，经过它的概念对越多，则在其他概念的关系链中的卷入程度就越高。与之对应的，阿迪娜·内格斯（Adina Nerghes）[1]使用了度中心性（Degree Centrality）和介数中心性（Betweenness Centrality）来对应这两个维度的测量。

三、知识概念的网络结构与基于知识节点的知识采纳

本节致力于从结构视角出发，探究知识采纳过程中的影响因素（图 5.3）。我们从知识概念自身（Ego）和邻居知识概念（Alter）两个层面分别来衡量知识自身的结构特征和知识之间的相互作用。在知识网络中，

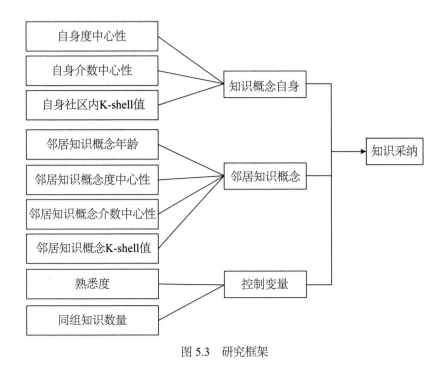

图 5.3　研究框架

1　Nerghes A. Words in Crisis: A Relational Perspective of Emergent Meanings and Roles in Text[Z]. CPI–Koninklijke Wöhrmann BV Amsterdam, 2016(2016).

自身（Ego）指的就是需要被研究的知识概念本身，而邻居[1]知识概念（Alter）指的则是所有和自身（Ego）直接相连的知识概念[2]。知识概念自身的结构特征衡量的是其在网络中的位置，而邻居知识概念的结构特征衡量的是知识概念自身和其他相关联的知识之间的相互作用。

（一）知识概念自身层面

在知识概念自身层面，我们使用了度中心性、介数中心性和K-shell值三个指标来衡量知识的结构重要性。度中心性衡量的是知识在网络中的卷入程度，介数中心性衡量的是知识在其他知识对之间的卷入程度，而K-shell值衡量的是知识概念在网络中属于边缘位置还是核心位置。

1. 知识节点自身度中心性

在一个网络中，度中心性指的是一个节点上所存在的关系数量，即一个节点有多少个直接连边。在知识网络中，一个知识概念的度中心性衡量的就是它和多少其他知识概念有直接连边。度中心性能代表一个知识概念在网络中的重要程度，或者说是代表其在网络中的地位[3]。度中心性高的知识概念在网络中的重要性更高，因为它在局部网络中的卷入程度很高，所以度中心性高的知识概念更容易被大众所接受，并且能够激活其他关键的概念[4]。如果一个知识概念在其被创造的初期，就拥有较高的度中心性，则说明它在过去已经和很多节点相关联，在将来也有更大的可能性与其他知识概念相连；反之，那些初期度中心性较低的节点，反映了公众对其接受程度较低，难以在短期内将其与其他知识概念相结

---

1 注：一阶邻居。
2 Everett M, Borgatti S P. Ego Network Betweenness[J]. Social Networks, 2005, 27(1): 31–38.
3 Nerghes A, Lee J-S, Groenewegen P, et al. Mapping Discursive Dynamics of the Financial Crisis: A Structural Perspective of Concept Roles in Semantic Networks[J]. Computational Social Networks, 2015, 2(1): 1–29.
4 Carley K M. Network Text Analysis: The Network Position of Concepts[M]. Text Analysis for the Social Sciences. Routledge, 2020: 79–100.

合，所以不容易在知识共享平台中被更多的人所采纳。因此，本书认为，知识概念自身的度中心性对知识采纳可能有积极作用。

2. 知识节点自身介数中心性

对于不包含孤立节点的连通网络来说，网络中的每一对节点之间至少存在一条最短路径，使得路径通过的边数最小。节点的介数中心性就是经过该节点的最短路径的数量[1]。在知识网络中，介数中心性反映了一个知识概念在网络中其他知识概念之间的关联链中的参与程度[2]。试想在信息传播网络、交通网络等实际网络中，如果有一个节点位于其他所有节点对的必经之路上，其他所有节点之间的连通都必须经过这一节点，那么这个节点在这一网络中处于枢纽位置，具有较高的介数中心性[3]。同样，在语义网络中，一个概念的介数中心性也是评估它影响力的重要指标之一[4]。在知识网络中，介数中心性高的知识概念往往位于不同知识领域的交叉处，具有较强的创新性[5]。它们往往是连接不同知识领域的桥梁，并且起到了不同领域之间的把关人角色[6]。因此，知识概念自身的介数中心性对知识采纳有积极作用。

---

1 Danowski J A. Analyzing Change over Time in Organizations' Publics with a Semantic Network Include List: An Illustration with Facebook[C]. 2012 IEEE/ACM International Conference on Advances in Social Networks Analysis and Mining. IEEE, 2012: 954–959.
2 Brandes U, Corman S R. Visual Unrolling of Network Evolution and the Analysis of Dynamic Discourse[J]. Information Visualization, 2003, 2(1): 40–50.
3 Freeman L C. A Set of Measures of Centrality Based on Betweenness[J]. Sociometry, 1977, 40(1): 35–41.
4 Hill V, Carley K M. An Approach to Identifying Consensus in a Subfield: The Case of Organizational Culture[J]. Poetics, 1999, 27(1): 1–30.Wasserman S, Faust K, Others. Social Network Analysis: Methods and Applications[J]. 1994. Cambridge university press, 1994.
5 Chen C. Searching for Intellectual Turning Points: Progressive Knowledge Domain Visualization[J]. Proceedings of the National Academy of Sciences, 2004, 101(suppl 1): 5303–5310.
6 Gerber A S, Karlan D, Bergan D. Does the Media Matter? A Field Experiment Measuring the Effect of Newspapers on Voting Behavior and Political Opinions[J]. American Economic Journal: Applied Economics, 2009, 1(2): 35–52.

3. 知识节点自身社区内 K- 核值

除了以往研究中使用的度中心性和介数中心性，本书还引入了 K- 核值来探究结构特征对知识采纳的影响。K- 核分解[1]是一种粗粒度的网络节点重要性排序算法，揭示了节点在网络中的层级结构。一个节点的 K- 核值代表的是这个节点在这个网络中的层级深度。K- 核值越大，则这个节点在网络中的位置就越靠近网络中心，具有较高的重要性；反之则说明这个节点位于网络的边缘层。在知识网络中，一个知识社区中具有较高 K- 核值的知识概念往往是一个社区内的核心概念，而这些核心概念也更容易被大众知晓和接受。因此，本书认为，知识概念自身的社区内 K- 核值对知识采纳有积极作用。

（二）邻居知识概念层面的结构特征

一般情况下，一个知识概念在被采纳时往往还伴随着对一个或多个其他相关知识概念的共同采纳。而这种同时被采纳的关系，反映了知识概念和知识概念之间的强关联性。在网络中，节点和其直接邻居节点之间具有显著的影响关系[2]。因此，知识概念不应该被视为是独立的个体，知识概念之间的相互作用也会对知识采纳产生影响。具体而言，本书采用以下 4 个指标来衡量知识概念之间的相互作用对知识采纳的影响：邻居知识概念年龄、邻居知识概念度中心性、邻居知识概念介数中心性和邻居知识概念 K- 核值。

1. 邻居知识概念年龄

节点的年龄信息是探索网络发展机制的基础因素之一[3]。知识概念的

---

[1] Jingqiao L, Xiufen F, Zaiqiao M. Identification of Influential Spreading Nodes in Microblog Network[J]. Appl. Res. Comput., 2015,（32）: 2305–2308.
[2] Christakis N A, Fowler J H. Social Contagion Theory: Examining Dynamic Social Networks and Human Behavior[J]. Statistics in Medicine, 2013, 32(4): 556–577.
[3] Kossinets G, Watts D J. Empirical Analysis of an Evolving Social Network[J]. Science, 2006, 311(5757): 88–90.

年龄指的是一个概念从被受众创造的时刻开始到当前时刻的时间差。在网络中，老节点比新节点更容易吸引新的连边关系[1]，因为相对于年龄小的知识概念，年龄大的知识概念经过长时间的曝光累积从而更容易被受众所接触和认知，受众对其熟悉度更高。从信息认知的机制而言，受众对新知识的接纳程度是有限的，新的信息和受众已知的信息共同出现比全部是新的信息更容易被受众接受和理解[2]。因此，一个新知识概念与老节点相连接，意味着受众在使用这个新概念时习惯于将其与老节点相关联，从而能够促进其他受众对这个新知识的理解和采纳。

2. 邻居知识概念度中心性

在网络中，一个节点的邻居节点的度中心性会影响该节点在网络中的重要性排序[3]。例如已有研究发现，节点邻居的度中心性也会影响一个节点的信息传播能力[4]。因此，从邻居节点的度中心性入手对核心节点进行重要性评估，也是继对节点自身重要性评估之后的又一研究方向[5]。同样，在知识网络中，一个知识概念的邻居度中心性也会影响该概念自身在网络中的卷入度，连接到高度中心性的邻居有利于该知识概念提高自身重要性，从而提高其在网络中被采纳的可能性。

3. 邻居知识概念介数中心性

知识网络可视化的研究中，研究者会着重发现和关注网络中的枢纽

1　Van Den Heuvel M P, Sporns O. Rich-Club Organization of the Human Connectome[J]. Journal of Neuroscience, 2011, 31(44): 15775–15786.
2　O'Reilly T, Wang Z, Sabatini J. How Much Knowledge Is Too Little? When a Lack of Knowledge Becomes a Barrier to Comprehension[J]. Psychological Science, 2019, 30(9): 1344–1351.
3　Zhang Q, Li M, Du Y, et al. Local Structure Entropy of Complex Networks[J]. ArXiv Preprint ArXiv:1412.3910, 2014.
4　Tulu M M, Hou R, Younas T. Finding Important Nodes Based on Community Structure and Degree of Neighbor Nodes to Disseminate Information in Complex Networks[C]. 2017 3rd IEEE International Conference on Computer and Communications (ICCC). IEEE, 2017: 269–273.
5　Bae J, Kim S. Identifying and Ranking Influential Spreaders in Complex Networks by Neighborhood Coreness[J]. Physica A: Statistical Mechanics and Its Applications, 2014, 395: 549–559.

节点，因为它们作为不同知识领域的交叉知识，起到类似于桥梁的作用，并且可能围绕这些枢纽节点产生新的知识领域[1]。一个知识概念拥有高介数中心性的邻居，意味着其有一定的概率连接到有可能成为新知识领域核心概念的枢纽节点。因此，这样的新知识概念也会成长为新知识领域的重要节点，有更高的概率被受众接受。

4. 邻居知识概念 K- 核值

在知识传播网络中，有影响力的传播节点更倾向于和位于网络核心位置的节点产生连边[2]。因此，如果一个知识概念的邻居知识概念具有较高的社区内 K- 核值，则说明这个概念本身也具有重要地位。拥有社区中的核心知识概念作为邻居，这些知识概念自身也会有更多的机会被受众所接触和采纳。综上，本书认为，邻居知识概念的年龄、邻居知识概念的度中心性、邻居知识概念的介数中心性以及邻居知识概念的 K- 核值对知识采纳有积极作用。

此外，当一个知识概念被提出时，受众可能会将它和多个其他概念一起使用，本书将这些被一起使用的知识概念视为同组知识概念。对于一个知识概念，其同组内的知识概念中可能同时包含了旧知识概念和新知识概念，旧知识概念的比例能增强受众对于这组知识概念的整体熟悉度，影响被考察知识概念的采纳情况。因此，本书同时纳入了同组知识数量和熟悉度作为控制变量。

四、知识概念网络的建构

在知乎中，用户在提问时可以选择采纳其他用户已经创建过的标签，也可以选择创建新的标签。例如"普通话考试的裸考怎么过二甲？"这

---

1 Chen C. Searching for Intellectual Turning Points: Progressive Knowledge Domain Visualization[J]. Proceedings of the National Academy of Sciences, 2004, 101(suppl 1): 5303-5310.
2 Bae J, Kim S. Identifying and Ranking Influential Spreaders in Complex Networks by Neighborhood Coreness[J]. Physica A: Statistical Mechanics and Its Applications, 2014, 395: 549-559.

一问题下的标签是"普通话""普通话考试""普通话证"。

知乎作为中国最大的在线知识问答平台，本身就是一个由大众集体参与建构的知识库。而标签作为一个问题的关键词，标识出了一个问题中涉及的核心概念，是对一个问题所包含的抽象的知识的概念化概括和提炼。所以说，标签本身就是一种知识的表现形式，可以称之为知识概念。受众将多个不同的知识概念用来标注同一个问题，反映了受众内心中认为这多个知识概念之间存在着某种强烈的关联。因此，遵循概念网络的建构方式，本书基于标签之间的共现关系建构了在线问答平台的知识网络（Co-occurrence Knowledge Network）[1]。基于共现关系建构的网络，每个节点代表一个标签，节点之间的连边代表了两个标签出现在同一个问题中。

根据问题的发布时间，本书将数据按照四个月的长度划分时间切片，每个时间切片内，根据问题所包含的标签按照共现关系，建构知识网络。

本书采用生存分析（Survival Analysis）[2]来评估新知识概念的生存时间。生存分析适用于分析时间事件数据（Time-to-Event Data），并已广泛应用于生物和医学科学、工程和社会学[3]。它是针对某一特定事件对生存时间进行建模，它考察的不仅是特定事件是否发生，而且还考察特定事件发生的时间。而且相比于一般标准回归模型，生存分析可以更好地处理具有截断性质的时间序列数据[4]。

1　Liu J, Wang J, Wang C. Research on Text Network Representation[C]. 2008 IEEE International Conference on Networking, Sensing and Control. IEEE, 2008: 1217–1221.
2　Cox D R, Oakes D. Analysis of Survival Data[M]. Chapman and Hall/CRC, 2018.
3　Yang J, Wei X, Ackerman M, et al. Activity lifespan: An analysis of user survival patterns in online knowledge sharing communities[C]. Proceedings of the International AAAI Conference on Web and Social Media. 2010, 4(1).
4　Xing W, Gao F. Exploring the Relationship between Online Discourse and Commitment in Twitter Professional Learning Communities[J]. Computers & Education, 2018, 126: 388–398.

Cox回归模型（Cox Regression Model）[1]，也被称为比例风险回归模型（Proportional Hazards Model），是英国统计学家D.R.考克斯（D. R. Cox）于1972年提出的一种半参数回归模型。该模型以生存结局和生存时间为因变量，可同时分析多种因素对生存期的影响，能分析带有截尾生存时间的资料，且不要求估计资料的生存分布类型。Cox回归模型是多因素生存分析中应用较为广泛的一种。

此外，本节简要介绍其他关键概念的操作化定义，包括知识采纳持续时间，节点自身层面结构特征，和邻居知识概念的结构特征等。

（一）知识采纳持续时间

首先，对于知识采纳持续时间而言，以往研究证明知识采纳可以通过受众观念被知识所影响的程度和受众知识使用情况进行测量。从集体层面来看，大众对一个知识概念的持续使用是该知识被大众所采纳的体现。因此，本书利用知识概念的持续使用，即知识采纳持续时间，来量化知识采纳行为。本书将连续两个时间切片长度内（8个月）无人使用的知识概念定义为出现"死亡"事件。一个概念从第一次使用到死亡之间的所跨越的切片数量，记为该知识概念的采纳持续时间。如果一个知识概念在超过8个月之后再次被使用，则将其视为一个新的知识概念，重新计算其知识采纳持续时间（图5.4）。

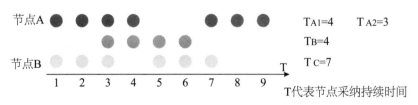

图5.4 知识概念的采纳持续时间（T）和"死亡"判定的示意图

---

1 Cox D R. Regression Models and Life-Tables[J]. Journal of the Royal Statistical Society: Series B (Methodological), 1972, 34(2): 187–202.

(二)自身层面的结构特征

1. 自身度中心性

在无向网络中,一个节点的度中心性C_D等于其与其他节点连边的总数[1],见公式(5.1)。其中,k代表这个节点,a表示这个网络的邻接矩阵,$a(i,k)=1$表示节点i和节点k直接存在连边,否则$a(i,k)=0$。

$$C_D(k)=\sum_{i=1}^{n}a(i,k) \qquad (5.1)$$

2. 自身介数中心性

连通网络中任意两个节点均至少存在一个最短路径,每个节点的介数中心性即为这些最短路径穿过该节点的次数。如公式(5.2)所示,标准化后的节点k的介数中心性等于网络所有节点对的最短路径中,穿过节点k的最短路径数所占的比例[2]。V代表节点的集合,$\sigma(s,t)$代表的是(s,t)之间的最短路径数量,$\sigma(s,t|k)$指的是从s到t的最短路径中,穿过节点k的最短路径数量。

$$C_B(k)=\sum_{s,t\in V}\frac{\sigma(s,t|k)}{\sigma(s,t)} \qquad (5.2)$$

3. 自身社区内 k-核值

首先,对于24个网络切片,本书使用Louvain算法对知识网络进行社区划分。Louvain算法的基本过程是:首先,每个节点都看成一个独立的社区,社区内的连边权重为0;接下来对于网络中的每个节点,遍历该节点的所有邻居节点,衡量把该节点加入其邻居节点所在的社区所带来的模块度的收益;选择对应最大收益的邻居节点,加入其所在的

---

[1] Freeman L C. Centrality in Social Networks Conceptual Clarification[J]. Social Networks, 1978, 1(3): 215–239.
[2] Brandes U. A Faster Algorithm for Betweenness Centrality[J]. Journal of Mathematical Sociology, 2001, 25(2): 163–177.

社区。重复进行这一过程，直到每一个节点的社区归属都不再发生变化[1]。社区划分的结果显示，知识网络的社区结构明显，24个网络切片的模块度均在0.6左右。接下来，本书将网络切片中的每个社团都视为一个子网络，并使用K-核分解算法对社团内的每个节点计算其自身K-核值。如前文所言，K-核分解算法是一种寻找网络核心的结构分析方法，例如可以被用于识别专利引文网络中最核心的节点[2]。该算法的基本步骤是：首先，删除网络中所有度为1的节点，然后再次检查网络中是否出现了新的度为1的点，如果出现，则再次删除，直到网络中不包含度为1的点，这些被移除的节点构成了网络的最外层，即K-核值为1；重复这一过程，移除网络中度为2的点，这些节点的K-核值为2；通过不断地迭代这一过程，最终得到所有节点的K-核值，K-核值最大的节点，即为位于网络最核心位置的节点。最后，本书将节点自身的K-核值编码作为类别变量，K-核值高于中位数的节点重新编码为1，代表内部节点，其余为0，代表外围节点。

（三）邻居知识概念的结构特征

知识概念的年龄指的是，到当前时间切片为止，这个概念已经被持续采纳了多少个时期。对每一个知识概念而言，该概念的邻居知识概念年龄，定义为该知识概念所有直接邻居的年龄中位数。一个知识概念的邻居知识概念度中心性，定义为该知识概念所有直接邻居的度中心性中位数。知识概念的邻居知识概念介数中心性，定义为该知识概念所有直接邻居的介数中心性中位数。知识概念的邻居知识概念K-核值，定义

---

1 Blondel V D, Guillaume J-L, Lambiotte R, et al. Fast Unfolding of Communities in Large Networks[J]. Journal of Statistical Mechanics: Theory and Experiment, 2008(10): P10008.
2 Angelou K, Maragakis M, Argyrakis P. A Structural Analysis of the Patent Citation Network by the K-Shell Decomposition Method[J]. Physica A: Statistical Mechanics and Its Applications, 2019, 521: 476–483.

为该知识概念所有直接邻居的社区内 K-核值中位数,并且也将知识概念的邻居知识概念 K-核值以中位数为界重新编码为分类变量。

(四)其他控制变量

本书的控制变量包括同组知识数量和熟悉度。知识概念往往和多个其他知识概念一起被使用于标注一个问题,本书计算了该概念在被创建的第一个时间切片内平均和多少个概念一起使用,作为该概念的同组知识数量。同时,本书还将每个知识概念同组知识中旧知识的比例均值,作为用户对该知识概念的熟悉度。用户越熟悉的知识概念,其同组知识中旧知识比例越高。

五、知识概念的采纳机制

本书研究生存分析所用的研究对象是知识概念,每个概念的生存状态即为一条分析记录。本书共包含 71 524 个知识概念,去除 13 388 个具有缺失值的知识概念后,最终 58 136 个知识概念被加入到 Cox 回归模型中,占总数据的 81.3%。其中,有 22 141 个知识概念在分析时间段内"死亡"。另外 Cox 回归模型中所有协变量相关性检验结果显示,协变量之间不存在线性相关关系。

本书使用 SPSS 软件执行知识采纳的 Cox 回归模型。其中,模型因变量生存时间和生存状态分别使用的是知识采纳持续时间和是否死亡,协变量采用的是自身和邻居知识概念层面的结构性特征。同时,本书在执行 Cox 回归前对所有协变量进行了 Z-score 归一化,并剔除了大于两个标准差的异常值。Cox 回归模型的 Omnibus 检验显示,零模型的 -2 对数似然估计值为 470 414.67,而本书模型的 -2 对数似然估计值为 450 332.62,相差 20 082.05,模型显著性检验 $p<0$,伪 R^2 值为 29.21%。

$R^2=1-e^{-(LRT/n)}$ 其中，LRT=-2log$L$（0）-[-2log$L$（p）]，n 是样本量，log$L$（0）是空模型的对数似然值（log-likelihood），log$L$（p）是放入协变量后的模型。

Cox 模型的总体评价包括计算 -2 倍对数似然值（-2loglikehood，-2LL），进行似然比检验。-2LL 是模型评价的重要标准，该值越小越好，可以用于不同模型评价效果。似然比检验即 Omnibus Tests，是对模型的全局检验，当 p 值小于 0.05，则说明模型总体具有统计学意义。Cox 回归分析中，自变量的系数 B 为正，则说明该自变量对研究对象的死亡风险有积极作用；系数 B 为负，则说明自变量对研究对象的死亡风险有消极作用。Exp（B）表示的是相对危险度，自变量每增加 1 个单位，研究对象的死亡风险增加 Exp（B）倍。如果自变量是分类变量，在建立 Cox 回归模型时应设定对照组，例如若自变量为性别，因变量为寿命，令男 = 1，女 = 0，设定女 = 0 为对照组，若 Exp（B）值为 0.95，则解释为，相对于女性，男性的死亡风险是女性的 0.95 倍，男性的死亡风险相对于女性下降了 5%。如果自变量是连续变量，若 B 为正数，则此时 Exp（B）大于 1，自变量每增加 1 个单位，则研究对象死亡风险增加 [Exp（B）-1]×100%；若 B 为负数，则 Exp（B）小于 1，自变量每增加 1 个单位，研究对象的死亡风险降低 [1-Exp（B）]×100%。

Cox 回归分析结果如表 5.4 所示，知识概念自身和邻居层面的结构特征的系数全部显著。从知识概念自身来看，自身度中心性越高（B = -0.60），知识概念的死亡风险就越低，因此，知识采纳的持续时间越长。自身度中心性的风险比例（Exp（B））为 0.55；换言之，在控制其他变量的情况下，度中心性每增加一个单位，知识概念不再被持续采纳的风险降低 45%。知识概念自身介数中心性对知识采纳的持续时间具有消极影响（B = 2.48），其风险比例为 11.90，也就是说，在控制其他变量的情况下，介数中心性每增加一个单位，知识概念不被持续采纳的风险增加 1090%。知识概念的 k- 核值越高（$B=-0.05$），知识采纳持续时间越长。K- 核值的风险比例为 0.95，也就是说，和低 K- 核值的知识概念相比，高 K- 核值的知识概念不被持续采纳的风险是其 0.95 倍。

表 5.4 Cox 回归分析结果

	变量	回归系数 B	标准误	Wald 值	显著性水平	Exp(B) 值
自身层面	自身度中心性	-0.60	0.02	634.57	0.00	0.55
	自身介数中心性	2.48	0.09	841.78	0.00	11.90
	自身社区内 K- 核值	-0.05	0.02	9.47	0.00	0.95
邻居层面	邻居知识概念年龄	-0.15	0.01	180.72	0.00	0.86
	邻居知识概念度中心性	-1.46	0.03	2 436.07	0.00	0.23
	邻居知识概念介数中心性	2.35	0.02	12 006.37	0.00	10.52
	邻居知识概念 K- 核值	-0.63	0.02	1 237.44	0.00	0.53
控制变量	同组知识数量	0.09	0.01	93.22	0.00	1.10
	熟悉度	0.11	0.01	95.63	0.00	1.12

B 表示回归系数。Exp(B) 表示危险率（Hazard Rate）。

从邻居知识概念层面来看，邻居知识概念的年龄越大（$B=-0.15$），知识被采纳的持续时间越长。邻居知识概念的风险比例为 0.86，也就是说，在控制其他变量的情况下，邻居知识概念的年龄每增加一个单位，知识概念不被持续采纳的风险降低 14%。邻居知识概念度中心性越高的知识概念（$B=-1.46$），知识被采纳的持续时间越长，相应地，其风险比例为 0.23，也就是说，在控制其他变量的情况下，邻居知识概念度中心性每增加一个单位，知识概念不被持续采纳的风险降低 77%。邻居知识概念介数中心性对知识采纳具有消极作用（$B=2.35$），相应地，其风险比例为 10.52，即在控制其他变量的情况下，邻居知识概念介数中心性每增加一个单位，知识概念不被持续采纳的风险增加 952%。邻居知识概念 K- 核值越高的知识概念（B=-0.63），采纳的持续时间越长，相应地，其风险比例为 0.53，这意味着，邻居知识概念为高 K- 核值的知识概念不被持续采纳的风险是邻居知识概念为低 K- 核值的知识概念的 0.53 倍。

  本节探究了结构特征在知识采纳中的重要作用。研究证明了不论是知识概念自身的位置特征还是知识概念相互之间的作用关系，都会对知识采纳产生显著的影响。具体而言，从知识概念自身的位置特征来看，在线知识共享平台中受众更愿意采纳度中心性比较高的、介数中心性比较低的、社区内 K- 核值比较高的知识概念。介数中心性高的知识概念在网络中的卷入程度较高，这些知识概念和众多的其他知识概念相关联，处在一个非常重要的位置，而且这些概念能在初始阶段就与众多其他知识概念产生紧密连接，这一特征也加速了受众对其采纳速度。因此，这一类型的知识更容易被受众采纳。高 K- 核值的知识概念位于该知识社区的核心位置，反映了一个社区的核心语义概念，因此在自身的社区中更容易被受众接受和采纳。对于高介数中心性的知识概念，虽然从网络结构的角度来看这些知识概念充当了网络中不同领域、不同知识概念之间的桥梁，但是高介数中心性的知识概念并不容易被受众采纳，反而对知识采纳的持续时间具有消极作用。一个可能的解释是，这一类知识概念大多位于不同知识领域的交叉处，创新性较强，反而不容易被受众所采纳。

  从邻居知识概念层面的影响因素来看，知识概念之间的相互作用对知识采纳也产生了显著作用。那些和存活时间较久的、高度中心性、高 K- 核值的邻居相连的知识概念，更容易被受众采纳。知识概念和这类重要概念相连能够加强自身在受众的曝光，从而更容易被采纳。此外，邻居介数中心性较高的知识概念反而不容易被受众采纳。介数中心性较高的知识概念往往创新性较强，不容易被采纳，而与这些难被采纳的概念相连的概念可能在语义层面也较为接近，受众的接受度偏低。

从理论层面来说，本节为知识采纳的研究提供了新的研究视角，拓展了知识采纳研究影响因素的范围。

首先，本书首次证明了知识概念的结构特征对知识采纳的重要作用。以往的知识采纳研究忽略了知识概念的位置特征和相互作用，将知识概念视为独立的客体，对知识采纳的过程缺乏结构视角的观察。本节则通过将个体在知识采纳过程中对知识标签的共同使用关系，建构知识网络，完成了从个体行为到集体层面的映射。通过转变对研究对象的观察角度，拓展了知识采纳的影响因素范围，对知识采纳提出了新的理解和观察。

其次，本书通过知识网络将个体行为映射到知识网络中，拓展了对于知识采纳行为模式的研究路径。知识网络作为个体知识采纳行为的结果在集体层面上的聚集，是一个较为稳定的模式呈现。这一研究也为我们从大规模集体层面认识知识采纳的规律提供了参考。并且，以往对知识采纳的研究多集中在对个体采纳意愿的考察上，但是意愿层面的表达和实际行为中的表现之间还存在一定的差异，而本书使用从网络足迹中提取的用户行为数据来弥补这一不足。

总而言之，本节旨在初步探索在线社区中知识采纳的影响因素。从结构视角来看，本书发现知识概念的位置和知识概念之间的相互作用都对知识采纳具有显著影响。这些发现弥补了以往将知识概念视为独立个体研究的不足，有利于我们进一步认识和理解知识采纳。此外，本书对在线知识分享平台中的知识采纳提出了一种新的量化方式，拓展了研究思路。

第六章 知识生产的普惠性

在线知识分享平台的发展,是推动了知识生产的普惠性,降低了知识生产和知识采纳的门槛,还是相反,进一步拉大了知识生产和知识采纳鸿沟?乐观主义者认为,在线知识生产模式促成了知识生产主体的下移,即知识生产活动从知识精英垄断变为网民大规模参与,知识生产的大众化和民主化新局面已经形成[1]。另一派观点认为,知乎创立之初的定位是以问答为主要功能的精英化社区网站,以推崇专业和权威为主要特点。即使在互联网发展的最初阶段曾经出现过话语平等和观点的自由市场等迹象,但电子乌托邦依然是一个美好的幻想。

本章以"知识生产鸿沟"为主要理论基础,聚焦于知乎问答平台这一研究对象,以"教育"领域为案例,探究不同类别的社团在知识生产方面的差距。就政策及实践意义而言,衡量社会权力的重要指标之一就

---

[1] 李静瑞,肖峰.网络时代知识生产方式的嬗变及其利弊刍议[J].哲学分析,2019,10(1):137-145,199.

是知识的生产与传播权[1]。本章在"知识与权力"的视域下，检视不同类别教育知识的生产是否显示出不平等的社会权力这一问题，关注不同阶段教育知识生产的差异，尤其是高投入阶段教育知识与低投入阶段教育知识之间的知识生产差异，通过比较教育领域子社团类别数量的变化，关注当下教育领域的不平等现象和权力问题。因此，研究结果能够帮助教育体系决策者更清晰地看到大众最为关注的教育话题，从而更好地理解并改善教育体系，实现教育公平。

第一节　从知识占有鸿沟到知识生产鸿沟

知识鸿沟假说在传播学研究领域有着悠久的传统，它为理解和认识知识的不平等分布提供了一个理论框架。1970 年，美国明尼苏达大学的传播学者菲利普·蒂奇纳（Phillip Tichenor）等人提出知识鸿沟假说（Knowledge Gap）。这一假说认为，如果大众媒介输入社会中的信息内容随时间不断增加，该社会中具有较高社会经济地位的人获得信息的速率会比社会政治经济地位较低的人更快，两个不同群体之间的差距会越来越大[2]。

这一假说强调了个体知识增长的差异。利用大众媒介，那些本不具备知识的人确实获得了知识，但已有知识储备的人获得知识的速度更快，这导致了群体间相对差距的扩大[3]。社会经济地位是人们知识获取的决定因素，通常"是否接受正规教育"是反映个体社会经济地位的指标之一。

---

[1] Donohue G A, Tichenor P J, Olien C N. Mass Media Functions, Knowledge and Social Control[J]. Journalism Quarterly, 1973, 50(4): 652–659.
[2] 冯雅颖，徐小洁. 慕课：知识鸿沟的后现代趋势[J]. 新闻研究导刊，2015，6（18）：19–20.
[3] Gaziano C. Forecast 2000: Widening Knowledge Gaps[J]. Journalism & Mass Communication Quarterly, 1997, 74(2): 237–264.

蒂奇纳等人认为，教育影响知识获取的速度，因为接受良好的教育意味着更高的阅读理解能力、更多的信息和现有知识储备以及更多的社会联系和社会支持。

之后的研究进一步发现，其他变量也在形成知识鸿沟方面同样发挥着作用。例如，罗斯金（Luskin）将影响知识获取的前因变量分为三类：机会、能力和动机[1]。如前面章节所言，想要获得知识，个人需要有足够的动机去寻找和接触相关信息，并具备理解和处理信息的能力。郭诺金（Kwak）发现个人动机和媒介使用显著改变了教育与知识获取之间的关系[2]。此外，其他研究人员也发现了许多影响知识获取差距的因素（如内容领域、渠道差异、社区规模、知识的操作定义以及媒体宣传在竞选和非竞选传播中的作用等）[3]。至此，知识差距存在于社会体系之中这一观点得到了普遍的认同，正是由于知识获取的能力、质量、数量等方面存在的差距，"特权阶级"与"非特权阶级"的知识鸿沟又得以再次巩固[4]。

以上关于知识鸿沟的研究主要集中在知识获取和知识占有的层面，而一个可能更为重要的维度——知识生产——却很少得到关注。知识占有是一种被动的状态，个人通常作为知识的接受者而存在。而知识生产则是一项充满主观能动性的活动，它不仅对个人来说至关重要，可以帮助个体将所习得的知识进行快速内化，对于各项事务的决策和指导也具有重要意义。因此有学者认为，与知识占有不平等相比，知识生产的差距体现着更显著的社会不平等。

1　Luskin R C. Explaining Political Sophistication[J]. Political Behavior, 1990, 12(4): 331–361.
2　Kwak N. Revisiting the Knowledge Gap Hypothesis: Education, Motivation, and Media Use[J]. Communication Research, 1999, 26(4): 385–413.
3　Gaziano C. Forecast 2000: Widening Knowledge Gaps[J]. Journalism & Mass Communication Quarterly, 1997, 74(2): 237–264.
4　冯雅颖，徐小洁. 慕课：知识鸿沟的后现代趋势[J]. 新闻研究导刊，2015, 6（18）：19–20.

拉科（Rakow）将知识生产鸿沟从理论上定义为社会不同阶层所产生的知识的相对差距，并且认为"知识鸿沟"假说应该被重新定义为"知识生产鸿沟"[1]，他认为，官僚机构生产的知识越多，相对于社会上其他机构，它们的知识生产量级差距就越大。知识向来是一种特殊的内容，因此有关知识的研究必须与它的生产联系起来进行考虑。虽然理论上每个人都可以生产知识，事实上知识生产早已经成为社会中某些人群的特权，如政府和企业部门[2]。这些组织的知识生产反过来证明了他们的能力和权力，从而形成了一个自我延续、自我强化的循环。其他来源产生的知识很少，或者其他渠道的知识面对权威时毫无意义，因为所谓的知识只有在创造它的系统逻辑中才有意义[1]。冯雅颖在慕课生产的研究指出，因知识生产能力弱、生产资本欠缺的个体、地区乃至国家，在知识生产中都将失去优势并处于相对被动的地位[3]，互联网时代知识生产红利仍旧是向着原本已经拥有了"知识特权"的群体倾斜。

新的数字和互动媒体不仅允许而且鼓励个人生产和分享自己的信息，打破了官僚主义对知识的垄断。利用博客、问答平台或其他网络渠道的工具，任何互联网用户都可以成为知识生产者，并在虚拟空间中拥有发言权。问答平台拥有将媒体受众从内容消费者向内容生产者转化的能力，这似乎建构了参与式公共领域。从表面上来看，知识生产的权利随着技术手段的不断改进逐渐下放至社会大众，人与人都可以在网络中参与知识的生产与分享，但现实情况却是人们不仅没有平等地共享媒介进步带来的红利，甚至将知识鸿沟逐渐延伸到了知识生

---

1 Rakow L F. Information and Power: Toward a Critical Theory of Information Campaigns. In: Salmon, ed. Information Campaigns: Balancing Social Values and Social Changes. SAGE Publications, Incorporated, 1989. 164–184.
2 Schiller H I. Information and the Crisis Economy[M]. Oxford University Press, 1986.
3 冯雅颖，徐小洁. 慕课：知识鸿沟的后现代趋势 [J]. 新闻研究导刊，2015，6（18）：19–20.

产领域[1]。学者约瑟夫·R. 多米尼克（Joseph R. Dominick）曾经预言道，新媒体的出现使得受众从传统的内容消费者转变成内容生产者；然而另一方面，随着新媒体技术的发展，我们仍不可避免地再次卷入数字鸿沟[2]。

"数字鸿沟"是一个与"知识鸿沟"一脉相承的概念，最早被认为是信息技术领域的现象，即在信息技术开发、信息技术利用的背景下，因网络技术发展不平衡而导致的现实差距。随着信息技术的发展和研究的不断深入，学者们对数字鸿沟的概念进行了补充。例如德万·桑吉夫（Sanjeev Dewan）等人提出的三级数字鸿沟理论，他们认为现代数字鸿沟分为三级，分别是数字接入鸿沟（Digital Access Divide）、数字能力鸿沟（Digital Capability Divide）、数字产出鸿沟（Digital Outcome Divide），这三级层层递进[3]。当前有关数字鸿沟的研究更多地聚焦于关于基础设施与准入的第一道数字鸿沟，及关于互联网技能和使用的第二道数字鸿沟，关于数字产出鸿沟的研究则很少。

针对教育领域，库姆斯（Coombs Philip H.）和艾哈迈德（Ahmed Manzoor）在 1974 年介绍了一个教育和学习的模型。该模型包括多种形式的教育和同时学习。库姆斯和艾哈迈德的研究特别关注提高所有人日常生活技能和生产力的非正式方案。他们描述了三种教育形式：正规教育——由学校、学院和大学提供的，高度制度化、按时间顺序分级的"教育体系"，范围从小学到大学；非正规教育——在正式制度的传统框架之外进行有组织和有系统的教育活动，为任何年龄的特定群体提供选定的学习类型；非正式学习——每个人通过日常经

---

1 冯雅颖，徐小洁. 慕课：知识鸿沟的后现代趋势[J]. 新闻研究导刊，2015，6（18）：19-20.
2 Dominick J R. Who Do You Think You Are? Personal Home Pages and Self-Presentation on the World Wide Web[J]. Journalism & Mass Communication Quarterly, 1999, 76 (4): 646–658.
3 Dewan S, Riggins F J. The Digital Divide: Current and Future Research Directions[J]. Journal of the Association for Information Systems, 2003, 6 (12): 298–337.

历和接触环境获得和积累知识、技能、态度和见解的终身过程。非正式学习是指一个人在生活过程中，在任何正式或非正式课程之外所学到的东西，它是没有组织的，经常是不系统的。然而，它占据了每个人一生学习总量的很大一部分——包括受过高等教育的人[1]。

联合国教科文组织认为，非正规教育是在正规学校教育之外的，针对特定学习对象，尤其是成人和儿童，开展的有组织、有目的、有目标的教育活动。然而与正规教育相比，非正规教育在我国至今仍然面临诸多挑战，例如发展时间短，理论建设不完善，配套政策缺乏，实施过程中存在多方面的缺陷。这些问题严重制约了非正规教育的发展，使非正规教育在整个社会教育体系中始终处于一种不受重视、不被信任的尴尬境地[2]。

近年来，学者重点关注到了我国社会环境下，中产阶级与弱势群体在教育方面的差异。根据艾瑞咨询发布的《2017年中国中产阶级家庭教育观念白皮书》显示，中产阶级家庭对孩子教育的关注点主要包括：重视课外培训班、注重个性化教育、教育规划更加国际化。这些教育活动所需要的花费远远不是普通工薪阶层所能承担的，更甚于在教育中相对更加弱势的群体。

第二节　教育知识生产的普惠性与知识生产鸿沟

本节聚焦于"知识生产鸿沟"，并将其定义为"不同社会政治经济地位之间的知识生产差距"。知识鸿沟假说探究的是不同社会政治经济

---

[1] Coombs P H, Ahmed M. Attacking Rural Poverty: How Nonformal Education Can Help. A Research Report for the World Bank Prepared by the International Council for Educational Development[J]. 1974（46）：235.
[2] 徐林. 非正规教育面临的问题和挑战 [J]. 中国青年研究，2005（9）：14-16.

地位的人群在知乎获取方面的差距,而本书无法直接测量知乎知识生产者的经济水平,因此,本书从另一个角度入手,以不同教育阶段的家庭支出水平为依据,将知乎平台的教育知识分为高投入阶段的教育知识、中等投入阶段的教育知识和低投入阶段的教育知识。

根据《我国基础教育阶段家庭教育支出现状》、《中国家庭子女教育与国际化人才培养研究报告》、麦克思《新三板专题研究报告》等报告,不同教育阶段我国家庭教育支出水平如下表 6.1 所示。其中基础教育阶段是指没有专业和职业指向性的基础教育阶段,包括小学、中学;高等教育阶段又称为大学教育阶段,主要包括专科、本科、硕士和博士四个学历阶段;继续教育是面向学校教育之外的所有社会成员,特别是成人的教育活动,包括成考、自考等类型,具有学费低廉、国家认可、宽进严出、自由选择专业等优势。

表 6.1 不同教育阶段的生均家庭支出

	生均家庭支出(元/年)
学前教育阶段	6 556
基础教育阶段	8 143
高等教育阶段	约 25 000
继续教育阶段	约 5 000
海外留学	约 250 000
求职就业	1 522

本节基于这一数据并结合当前中国家庭平均收入水平,选取 5 000 元和 100 000 元作为划分教育投入高低的依据,将教育类别分为高投入阶段、中等投入阶段、低投入阶段三种。"低投入阶段"即生均家庭支出小于 5 000 元/年的教育阶段,包括继续教育阶段、求职就业;"中等投入阶段"即生均家庭支出在 5 000 元/年至 100 000 元/年的教育阶段,包括学前教育阶段、基础教育阶段、高等教育阶段,"高投入阶段"即

生均家庭支出大于 100 000 元 / 年的教育阶段，即海外留学。以上三种教育类别所对应的知识构成了本书对教育知识的类别划分。

基于以上的文献梳理，本节以知乎问答平台为研究对象，将教育领域问答的标签按照年份建构成无向标签共现网络，之后再对标签网络结构进行社团划分并对其进行语义识别，利用社会网络分析法及网络可视化方法探究以下问题：针对高投入、中等投入、低投入教育阶段的知识，知乎平台是否存在知识鸿沟？是否实现了知识生产的去中心化？具体而言，本节将这两个抽象问题进一步拆解为：（1）不同类别教育知识的生产量级有何差异？（2）不同类别教育知识社团的网络结构有何差异？（3）不同类别教育知识社团的生命周期有何差异？对知识社团生命周期的探讨中，本书将从两个方面进行探讨：（1）宏观社团的生命周期；（2）社团生命周期的不同阶段，其内部节点变化趋势，即从标签节点的整体演化来看，生命周期较长的节点与生命周期较短的节点有何差异？哪些知识逐渐不受关注并消失在整体的知识疆域中，不断生成和不断消失的节点是否是知识生产鸿沟的映射？

一、衡量知识生产鸿沟的操作化定义

完成网络建构及社团划分后，本书将从宏观社团和微观节点两个层面，对不同类别教育知识社团的量级、网络结构和生命周期进行分析，这三个指标分别衡量了生产者对知识的偏好、知识的重要程度、知识受到的持续关注度。

（一）量级

韦路等[1]在一项关于博客政治知识生产鸿沟的研究中，将政治知识鸿沟定义为过滤博客数量与个人日志数量之间的差异。他认为不同的内

---

[1] 韦路，王梦迪. 微博空间的知识生产沟研究：以日本核危机期间中国网民的微博讨论为例[J]. 传播与社会学刊，2014（27）：65-99.

容偏好是形成知识生产鸿沟的重要指标之一,因此,用过滤博客数量与个人日志数量的多少在一定程度上代表互联网知识生产鸿沟是合理的。

(二)网络结构

目前社会网络分析方法已经较为成熟,本书主要从度中心性、K-核值、网络平均度三个指标刻画标签网络的拓扑结构。如上文所言,在社会网络分析中,节点的重要性也被称为"中心性",中心性的原理是将节点的重要性等价于该节点与其他节点的连接使其具有的显著性[1],可以反映节点在网络中的位置。度中心性(Degree Centrality)是节点的度依据网络规模进行标准化处理后的结果,节点的度则是网络中节点连边数量的多少。节点的连边越多,度越大,度中心性也越大。其含义是,如果一个节点的邻居节点数量越多,那么这个节点的影响力越大,它是刻画网络中节点重要性的指标之一。在知识生产鸿沟研究中,度中心性一方面衡量了知识的重要性及其在网络中的位置[2],另一方面也代表了与其他知识的连接能力。

如前文所言,K-核值是图论中的一个经典概念,用于衡量网络节点的重要性。从度中心性的角度看,首先将所有度值为 1 的节点去掉,直到网络中不再有度值为 1 的节点,被剥离的节点 K-核值为 1。用相同方法接着查找度数为 2 的节点,并赋值 K-核值 =2,以此类推,直到网络中所有的节点都被赋予 K-核值。K-核值越大,说明知识节点在网络中的重要程度越高、越处于知识网络的核心。

网络的平均度是网络中总边数除以其总节点数。网络的平均度与网络结构有着密切的关系。如果网络中的节点代表个人,每个节点认可某个消息的概率为 λ ,当认可这个消息的个体邻居数越多时,

---

[1] 肖冬平,刘淑银.知识网络中节点的结构位置及其测度——基于社会网络的分析[J].图书情报工作,2010,54(10):126-129+24.
[2] 任晓龙,吕琳媛.网络重要节点排序方法综述[J].科学通报,2014,59(13):1175-1197.

个体认可消息的可能性也会越大，网络平均度如果越大，消息传播的速度和规模越大[1]。因此，在知识网络中，随着网络平均度的增大，知识的平均距离减小，此时知识节点间的关系越紧密。

（三）生命周期

生命周期是事物从产生、发展到消亡、衰退的时间周期，是产品、舆论热点、话题关注、知识管理等领域的关注热点。从某种程度上来说，在生命周期的不同阶段中，知识的数量、质量状态和稳定性也有所不同，这都与知识生产和消费密切相关，符合知识生产者和消费者需求的相关知识领域成为日益关注的重点[2]。因此，知识的生命周期是衡量不同类别知识稳定性、受关注程度的重要指标。本书以年份为时间单位，计算知识社团和知识节点的生命周期，以分析其稳定性及受关注程度的差距。此外，对于生命周期的不同阶段，事物会呈现出不同的发展和变化规律。对于知识社团来说，社团内部节点在社团生命周期不同阶段的变化趋势，一定程度上反映知识生产趋势和偏好，因此对其节点演化的分析也是探究知识生产鸿沟的重要角度。

二、教育领域的知识生产鸿沟

表 6.2 的社团划分结果反映出知乎教育领域的知识疆域具有明显的聚类特征，其中有几个社团从出现开始便较为稳定地存在：留学、语言、大学、高等教育。随着时间推移，这些社团的标签节点数量持续快速增长，建构起知乎平台教育知识的半壁江山，而"继续教育"等知识社团标签节点数量增长较缓、在教育全局网络中体量较小。年度关键知识社团及社团内部关键节点也呈现出了一定的偏好性。

---

1 李珏璇，赵明. 网络的平均度和规模对部分同步状态的影响 [J]. 广西师范大学学报（自然科学版），2019, 37（1）: 115–124.
2 王午，万君康. 知识生命周期的三种诠释 [J]. 企业活力，2005（8）: 54–55.

表 6.2 知乎教育知识疆域的内容特征

年份	职业就业	留学	港澳求学	基础教育	在线教育	学习效率	语言	其他语言/英语	大学	考试/高等教育	继续教育	论文	高等数学	电子	性别	艺考	其他	宿舍关系	地理区位
2012	125	63		93		50	98					30					6		
2013	86	136		90	11	82		其他语言 74 / 英语 79	89	考试 44							2		
2014	136	269	23	330				其他语言 147 / 英语 118	275	高等教育 133	11								
2015	222	427	35	554			355		528	高等教育 249			105	4			4		
2016	266	546	39	794				其他语言 230 / 英语 186	329	高等教育 530	27		70						
2017	248	756	37	815			421		493	高等教育 653	78		80	59	3	57	7		
2018	364	769		998			737		1 003	高等教育 1 109	99	86			5	120		58	244

第六章 知识生产的普惠性

根据前述研究方法中的分类方法,本书将分类特征较为明显的社团进行分类,如图 6.1 所示。根据划分规则,本书中高投入阶段教育知识的社团包括"留学""港澳求学";中等投入教育阶段的社团包括"基础教育""大学""高等教育""高等数学";低投入教育阶段的社团包括"继续教育""职业就业",其中"职业就业"社团的花费主要由交通费、参与招聘会费用、简历制作成本等构成。

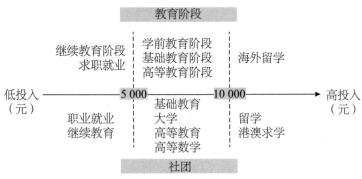

图 6.1 教育阶段与知识社团的划分

基于以上分类,本书选取"留学""基础教育""继续教育"作为高、中、低投入教育阶段的代表知识社团,将从社团的量级、网络结构、生命周期三个方面对其进一步分析,以探究知识生产鸿沟现象。

(一)社团的量级

如果从高投入教育领域知识和低投入教育领域知识分类的角度来看,社团划分的结果中几乎看不到教育投入相对较低的知识领域,而这一领域正是弱势的群体所关注和生产的内容。相对来说,"继续教育"社团是弱势群体关注的领域,但这一社团在知识的量级上远远比不过"留学""高等教育"等高投入教育知识的内容。同时该社团稳定程度较低,自 2018 年开始才稳定存在,生命周期为 3 年。此外,从社团生产、合并、分裂的角度来看,在2017年、2018年分裂出的"艺考""论文""电子""性别"等社团通常也是社会经济地位较高、教育水平较高的中产阶级较多关注的高投入教育领域的知识内容,几乎没有新的低投入教育领域知识社团分裂和出现。

节点数量。三类社团在2012—2018年,节点数量级变化的趋势如图6.2所示。总体来看,社团规模不断扩大,其中基础教育社团与留学社团的节点数量相差不大,除了2013年外,基础教育社团规模均大于留学社团。继续教育社团于2015年出现,社团规模较小,并且与其他两个社团存在较大的差距。因此,从社团节点数量来看,中等投入和高投入教育领域的知识社团远大于低投入教育领域的社团,量级差距反映出的知识生产偏好非常显著。

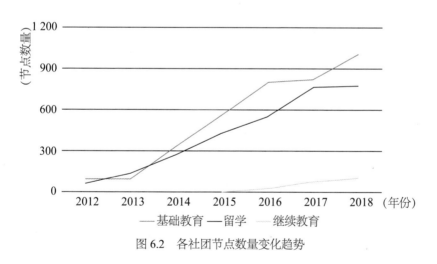

图6.2 各社团节点数量变化趋势

节点数量比重。除了绝对数量,本书还对比了三类社团节点数量占教育网络的比重,如图6.3所示,其占比情况及变化趋势与节点数量一致,高投入、中等投入教育领域的知识节点数量占比明显高于低投入教育领域的节点数量占比。因此,社团量级层面的巨大差距反映了不同投入水

第六章 知识生产的普惠性 175

平教育领域知识生产结果的差距,即在知乎问答平台中,中、高投入教育领域的知识与低投入领域的知识存在鸿沟。

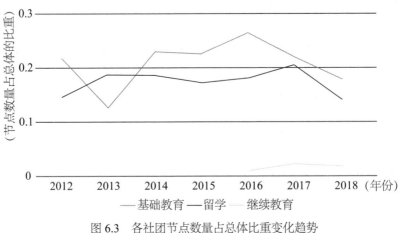

图 6.3　各社团节点数量占总体比重变化趋势

(二)各类社团节点网络结构的比较

K- 核值。如上文所言,K- 核值是一种粗粒化的节点重要性发现方法,它递归地剥离网络中度小于或等于 K 的节点,从而找到网络拓扑结构中最重要的节点。对于知识标签网络和社团来说,K- 核值有助于发现网络中最具重要性的节点,这些节点位于 K- 核值中最核心的一层,K- 核值最大。对比不同类别知识社团的最大 K- 核值,是区分节点和社团重要程度的方法之一。

根据图 6.4 所示,历年来基础教育、留学社团的最大 K- 核值较为接近,说明其社团内部,节点重要程度较为一致,而继续教育社团的 K- 核值与它们存在较大的差距。因此,从社团节点重要性的角度来看,中、高投入教育领域的知识社团的节点比低投入教育领域的知识社团更为重要。从网络结构上,三类社团的知识存在一定的鸿沟。

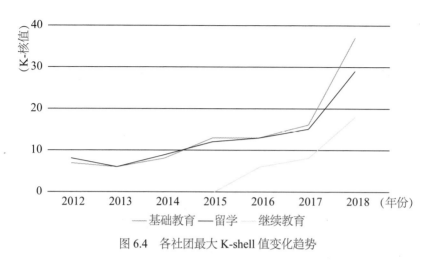

图 6.4　各社团最大 K-shell 值变化趋势

网络平均度。从复杂网络相关的研究中可知,网络的平均度对网络结构具有一定的影响。它可以用于衡量网络整体的活跃度,平均度越大的网络平均距离越短。平均度越高说明网络内部节点之间的交互越多,网络的同步能力越强且传播能力越强。此外,李珏璇和赵明[1]指出,当网络中每个个体认可消息的概率一定时,认可消息的个体邻居数越多,个体认可消息的可能性也会越大。因此网络平均度越大,某种程度上,消息传播的速度和规模也越大。

在本书的知识标签网络中,社团的网络平均度直观地反映了该社团知识之间的连接情况,平均度越小的社团网络,各知识节点之间的联系越紧密,社团整体活跃度越高。基础教育、留学和继续教育三个社团的平均度变化如图 6.5 所示。在 2018 年,继续教育社团网络的平均度超过基础教育社团,但与留学社团的网络平均度存在较大的差距。因此,高投入教育阶段的知识社团在整体活跃度方面远远高于低投入教育阶段

---

1 李珏璇,赵明. 网络的平均度和规模对部分同步状态的影响[J]. 广西师范大学学报(自然科学版),2019,37(1):115–124.

和中等投入教育阶段的知识社团,在一定程度上存在着鸿沟。

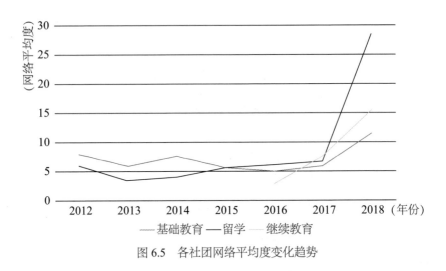

图 6.5　各社团网络平均度变化趋势

(三) 各类社团生命周期的比较

本书中知识社团的生命周期意为社团出现并稳定存在的时间,这一指标反映了该知识社团受到持续关注的时间,也反映了知乎知识生产者对不同内容偏好的持续性。"基础教育""留学"这两类社团从 2012 年开始便稳定存在,生命周期长达 7 年;而"继续教育"社团在 2016 年首次成为独立的社团,生命周期仅为 3 年。因此,从宏观社团生命周期角度来看,中、高投入教育领域的知识社团大于低投入教育领域的知识社团。

除了从社团存在的生命周期进行比较之外,本书进一步深入到社团内部微观节点层面,探究在生命周期的不同阶段,社团内部节点的变化趋势——即不同阶段新增、消失节点的规律。这一趋势不仅能够反映该领域知识生产的方向,同时引发了我们对知识分化和生产鸿沟的思考。

高投入教育领域的知识社团。近年来,留学大潮不断上涨,但是出国出境读书的高额花费将许多学子拒之门外,这条教育途径因此逐渐成为中产阶级家庭子女教育的一条重要通路,家庭在这一教育阶段的资金投入极高,属于本书中的"高投入教育阶段"。本书选取"港澳求学"这一社团作为高投入教育阶段的代表性知识社团,该社团于2014—2016年独立存在。

表6.3 "港澳求学"社团历年新增节点

年份	"港澳求学"年度新增节点
2015	网络语言、网络文化、香港高校、俗语、澳门大学、征兵、谚语、娘炮、脏话、人物名字、申请硕士、授课型硕士、台湾话、香港高校研究生、中银国际
2016	珠海、广东人、学者、香港岭南大学、误会、商科硕士、港澳台、授课型硕士、《美国海外账户税收合规法案》、客家人、繁体字、智能建筑、MIS、国字标准字体、留学贷款、规范汉字(中国大陆)
2017	澳门自由行、澳门科技大学、澳门大学、港澳通行证、出入境、澳门美食、港澳、入境香港、澳门高校、中山市(香山县)、天线宝宝、港澳通行证续签、李嘉诚(人物)、澳门街、港珠澳大桥、港澳游、海龟、澳门城市大学、边检部门、港澳台大学、深圳海关、护照签证、童心

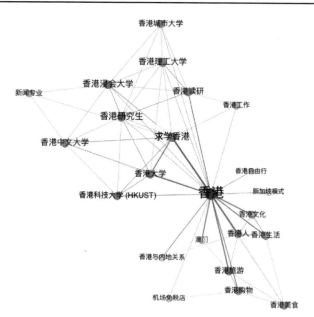

图6.6 2014年"港澳求学"社团

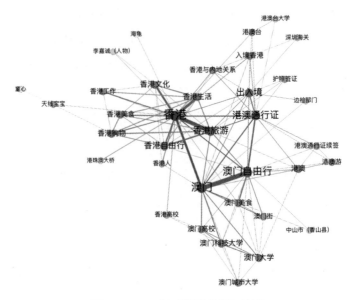

图 6.7 2017 年"港澳求学"社团

根据图 6.6、图 6.7、表 6.3 可知,"港澳留学"社团在独立存在的四年内,内部节点数量不断上涨。从语义内容上看,该社团初期的知识内容主要涉及两个方面,分别是"香港求学"和"香港生活",与澳门相关的标签节点较少。在 2017 年,该社团主要出现两个趋势:一是内部新增较多与澳门相关的标签节点;二是香港相关标签节点大多与"旅行""生活"相关,众多香港高校的标签消失。这反映了澳门求学也逐渐进入到用户的知识生产领域中。从语义及结构方面,"港澳求学"社团暂未体现出知识生产鸿沟的现象,但其演化趋势反映在了港澳求学相关话题中。用户不只关注学习本身,还对当地文化、生活产生更多的兴趣,从而使相关知识生产逐渐增多。

本书选取"基础教育"作为中等投入教育领域的知识社团代表进行研究,一方面,该社团从 2012 年起就稳定存在,在知乎教育整体知识疆域中具有重要意义,并且成为2014—2017年的关键知识社团。另一方面,基础教育作为我国9年义务教育体系及终身学习体系的重要部分,对青少年学习发展、国家教育战略决策至关重要,同时并非是某一阶层独有的教育资源,针对其内部节点演化的研究,对探讨隐匿的知识生产鸿沟具有更为重要的意义。

表6.4 "基础教育"社团年度新增节点节选

年份	"基础教育"年度新增节点
2013	成长、教育培训、教育培训机构、培训、户口、发展心理学、钱、IT培训、中山大学(SYSU)、早恋、小学、教育学、学校教育、母亲、名校就读体验
2014	学习、高考、学习方法、高中、考试、自学、时间管理、高效学习、高中生、未来、效率、时间、高效工作、学霸、高级格调
2015	名校就读体验、青春、励志、安徽、素质、努力、人文学科、如何(How To)、奋斗、艺考、文科生、教育学、理科、合肥、乐器学习
2016	X是种怎样的体验、高考志愿、教育培训机构、高考志愿填报、体验、南京、培训、江苏、天津、智商、山东、自学、银行贷款、校园暴力、培训学校
2017	奋斗、高效工作、技能、中国共产主义青年团、规划、性别、NOIP(全国青少年信息学奥林匹克联赛)、网络文化、新高考制度改革、计算机二级、西安外国语大学、香港中文大学、家教中介、提升个人能力、儿童发展心理学
2018	高等数学、自制力、自我认知、一本大学、写作技巧、流体力学、数学分析、MATLAB、物理竞赛、数学竞赛、微积分、数学建模、概率论、浙江新高考改革、航空发动机

针对"基础教育"社团,本书深入到社团内部标签节点的新增与消失,计算了7年间该社团内部新增的节点与消失的节点,如表6.4、表6.5所示。同一社团内部的标签所代表的知识也有高投入、低投入之分,例如"素质教育""教育培训""名校就读体验"往往是中产阶级重点关注的教育领域,属于高投入的知识;"小学""农村""留守儿童"等内容则归为教育投入较低的知识。

表 6.5 "基础教育"社团年度消失节点节选

年份	"基础教育"年度消失节点
2013	兼职、支教、学历、网上兼职、应试教育、选择恐惧症、间隔年（Gap Year）、自考本科、讲座、游戏化、学位、国民素质、大学寝室、西部地区、中国大学生
2014	户口、钱、中山大学（SYSU）、教育学、教育信息化、体制、北京户口、游学、冷暴力、北大青鸟、零花钱、创造力、彩蛋、体罚、师生关系
2015	自学、教育培训机构、培训、未来、时间、公益、农村、传媒、考证、个人生活咨询、高中数学、下载、证书、调整心态、身障人士（残疾人）
2016	性别、能力、太原、南宁、初中生、笔记、考试作弊、高考数学、能力提升、高中英语教育、学前教育学、学业、教育技术、叛逆期、合肥生活
2017	SNH48、艺考、银行贷款、艺术生、艺伴美术生、流体力学、中国传媒大学、传媒、同学关系、考证、世界名校、编导、美术高考、联合国、国际学校
2018	儿童教育、教师、诈骗、培训、幼儿教育、校园暴力、幼儿园、儿童、日常行为分析、农村、小学教育、幼儿园老师、早教、自闭症、学前教育

根据以上两表，我们很容易发现，"基础教育"社团内部历年新增的节点，大多具有"高投入阶段教育知识"的特征，例如2013年新增的"教育培训""教育培训机构""名校就读体验"，2018年新增的"高等数学""数学建模"等数学领域的精尖知识等，均是具备一定社会经济地位和教育水平的人群所接触的内容。而在历年消失的节点中，我们也可以看到"支教""应试教育""初中生""小学教育""农村"等知识标签在不断消失。相较于新增节点，消失节点在内容属性上更具草根性，家庭的资金投入也更低。因此，在中等投入教育领域知识社团的内部，也存在着高投入教育领域知识不断增长、低投入教育领域知识不断消亡的趋势，这无疑是不同阶层、不同社会经济地位人群知识生产鸿沟在内容层面的直接映射，打破了知乎问答平台在知识生产"去中心化"的乌托邦理想。

为了佐证以上论述，本书进一步聚焦"基础教育"社团内部的"在线教育"节点，该节点于2012—2017年稳定存在。在线教育是当前一种新型的教育方式，通过网络连接更多的教育资源，致力于帮助教育资源紧缺的地区和群体，是实现教育平等的重要手段之一。本书提取了2012—2017年间"在线教育"的网络子图，图6.8、图6.9分别是2013年和2017年该标签的网络子图。

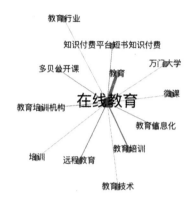

图6.8 2013年"在线教育"标签网络子图

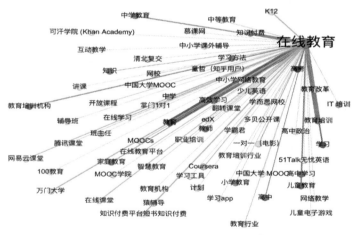

图6.9 2017年"在线教育"网络子图

由上图可知，经过五年的发展，网络中的"在线教育"标签与越来越多的其他标签产生连边，该标签的节点度不断上升。但对这一标签所

第六章 知识生产的普惠性　　183

连接的其他标签稍加分析，不难发现这一标签所连接的其他标签大多是高投入领域教育相关的标签，例如"智慧教育""翻转课堂""教育改革""清北复交"等，却很少与低投入领域教育知识标签节点产生连边，"农村教育""专科"等较低投入教育领域的知识节点不曾出现在这一子网络之中。因此，本书认为，知乎教育领域的知识内容生产呈现出了精英化的趋势，不同教育领域的知识生产结果难以互相渗透，存在一定的鸿沟。

低投入教育领域的知识社团。根据定义，本部分聚焦于低投入教育领域的知识社团——"继续教育"。继续教育是一种区别于普通全日制教学的教育形式，不限制年龄、性别，主要通过各类成人学校实施教育，其目标是通过这一特殊的教育过程，帮助社会成员中学历背景较低的人增长学识，提高专业资格和职业技术，推动人的全面发展。这一教育方式具有学费低廉、自由选择等优势，目前已成为我国终身教育的重要组成部分。

在知乎教育知识疆域中，"继续教育"社团于2016—2018年稳定出现，社团内部标签数量逐年上升，但其标签总量占整个教育网络的比例约为2%，量级极小。深入观察社团节点变动，我们更清晰地看到这一社团内部的内容结构。

表6.6展示了"继续教育"社团在2017年、2018年的新增和消失节点，节点排列顺序均按照节点度的大小递减。从数量上看，该社团节点增加数大于节点消失的数量，整体呈上升趋势。从节点语义内容上看，2017年出现了相关学校的标签，至2018年，知乎用户对"继续教育"内容的生产已经不再局限于考试本身，用户开始探讨继续教育的"前途"和"效用"，不同地区开设的培训学校也开始进入用户的视线。从结构上看，新增节点通常会同其语义相似的旧节点相连，它们的度的平均值大约为91，虽然如此，其中超过一半的节点的度小于10，这反映出该

社团标签节点不是网络中的关键节点,其被提及的程度及重要性远不如其他社团的节点。

表 6.6 "继续教育"社团的节点变动

时间	社团新增节点	社团消失节点
2017	专升本、普通高校专科层次(大学专科)、长沙、中等专业学校(中专)、大专生、湖南、专科生、升学、大专学历、考试作弊、专科生前途、上学、初中毕业生、银行从业资格、长沙生活、收费、费用、湘潭大学、毕业证、山东专升本、学位证、毕业证书、技校、高职高专、处分、南方医科大学、株洲、长沙理工大学、全日制专科、第一学历、学历证书、学士学位证书、高职、国家开放大学、大学生现状、大专公考、玩耍、经验精英专升本、本科毕业、大学肄业、常德、湖南长郡中学、成教生、升学顾问、长沙周边、五邑大学、言语—语言治疗、网上书店、二学历、高中学业水平测试、往届生、中国农业科学院(CAAS)、湖南农业大学、河北专接本、学业重修、选专科、领导批评、长沙市第一中学	证书、初中生、广州美术学院、辍学、夜校、安全工程专业就业、国际关系学院
2018	本科生、普通高校本科层次(大学本科)、上途、成人自考、高学历、学历认证、统招专升本、尚德、职业教育、尚德教育、高职升本、职业培训、深造、题库、二十四史(书籍)、对口高考、临沂大学、专接本、专升本备考经验、正规化、网上报名、学历能力、技能高考、尚德培训、山东蓝翔高级技工学校、夜校、毕业后第一年、女方高学历、湖北技能高考、天津专升本、省属专科高校、订购、广东第二师范学院、大学毕业证、证件丢失、报名学费、湖北第二师范学院(HUE)、成人教育学、学历造假、南山集团有限公司、PEST分析、广东轻工职业技术学院、深职院、记者证、社交化网络教育、留校、《最怕你一生碌碌无为,还安慰自己平凡可贵》(书籍)、留学面试、全日制普通本科高校、中华人民共和国中央部门(单位)直属高等学校、成都航空职业技术学院(Chengdu Aeronautic Polytechnic)、广东东软学院、初高中毕业男生、八大学院、逃离(书籍)、富豪第一桶金、入职第一年(知乎周刊)	长沙、湖南、升学、考试作弊、学、银行从业资格、长沙生活、收费、费用、湘潭大学、处分、南方医科大学、株洲、长沙理工大学、本科自考、高职、大学生现状、大专公考、玩耍、本科毕业、大学肄业、常德、湖南长郡中学、升学顾问、长沙周边、五邑大学、言语—语言治疗、网上书店、二学历、高中学业水平测试、往届生、中国农业科学院(CAAS)、湖南农业大学、学业重修、领导批评、长沙市第一中学

图 6.10 展示了 2016 年"继续教育"社团的基本结构情况,图中所

有节点在2016年均存在,其中灰色节点为2017年该社团消失的节点。我们能够看到,"高等教育自学考试""自考本科""成人高考""自考专科""学历"等节点权重最高,是话题讨论的重点和主要的知识内容。这一年中,社团囊括了最重要的继续教育类型,节点标签内容语义大多具有抽象化和一般化的特点。而于2017年消失的节点,如"证书""辍学""广州美术学院"等标签节点则相对处于网络边缘,其本身的讨论量及关注度不足,影响其在网络中的稳定性。

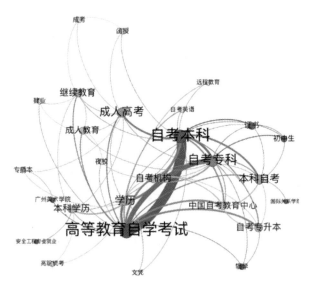

图 6.10　2016 年"继续教育"社团

图 6.11 展示了 2017 年"继续教育"社团的基本情况,其中浅色节点代表上年已存在的节点,深色节点都属于 2017 年该社团的新增节点,黑色节点则是 2017 年新增但于 2018 年消失的节点。经过统计,2017年"继续教育"社团的新增节点共 58 个,而 2018 年消失的节点共 36个,其中 35 个都来自 2017 年的新增节点。这说明关于"继续教育"相

关话题讨论和知识生产的周期较为短暂，具有较高的时效性。此外，根据图 6.10 所展示的社团结构我们可知，新增节点往往无法成为网络中的关键节点，但如果能够与网络中的关键节点相连接，则能够较为稳定；而处于网络边缘的节点（如图 6.11 中位于边缘的黑色节点"肄业""二学历""高职统考"等）则其结构表现为不稳定状态。研究根据同样的方法将 2018 年"继续教育"社团进行了可视化（如图 6.12 所示），得到的结论与上年保持一致。

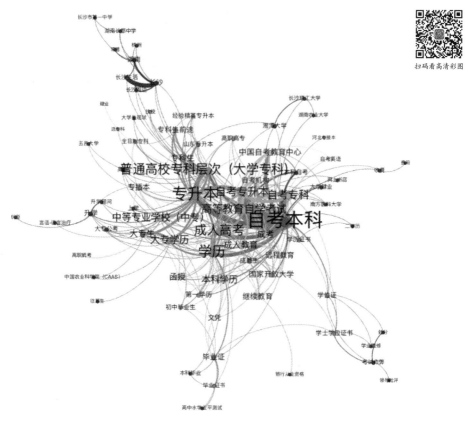

图 6.11　2017 年"继续教育"社团

扫码看高清彩图

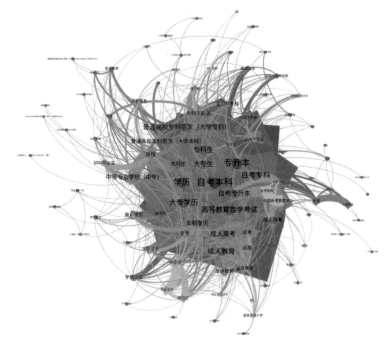

图 6.12　2018 年"继续教育"社团

因此，对于投入较低的、知识层次较低、量级较低的社团——继续教育，本书通过可视化深入到微观节点层面，清晰地展示了社团内部的节点变动，并得到以下结论:(1)从内容层面看，该社团随着时间的推进，内部标签节点不断增加，内容也由原本抽象化、一般化、高度概括性的继续教育不断垂直延伸，最终涵盖了包括继续教育及其相关学校、未来前景等内容;(2)从结构层面来看，该社团内部节点相对更迭频率较高，内部稳定性不强。新增、消失节点通常位于网络边缘，而网络的中心节点随时间推进节点权重逐渐上升，则具有更强的稳定性，成为稳定网络的核心。

通过对比知乎教育社团中不同类别的知识社团，我们发现，考研、大学、基础教育等社团产生的知识量远高于成人高考、自学考试等话题，而前者代表着中产阶级所关注的高投入教育领域知识内容，后者是当下低投入教育领域知识的主要表现。此外，在中等投入教育阶段的知识社团中，标签节点的消失、生成也体现出了一定差距，即社团内部的知识也有高投入、低投入之分，而代表高投入教育领域知识的标签节点随时间推进不断生成，代表低投入教育领域知识的标签节点则在不断消亡。在看到如此巨大的差距时，本书所定义的知识生产鸿沟，即高投入教育领域知识与低投入教育领域知识之间的生产差距，从社团量级、网络结构、生命周期三个层面得到了验证。

本书在教育知识社团划分时注意到社团节点之间的疏密关系，高投入教育知识社团与低投入教育知识社团各自内部连边紧密，与外部连边稀疏，除了上文中利用社会网络分析的指标进行解释外，社会网络理论的一个分支——同质性理论——也可以用来解释这一发现。这一理论的提出者正是拉扎斯菲尔德和默顿，他们认为物以类聚、人以群分，个人之所以会与他人建立关系网络，是由共同的信仰、利益和社会地位所驱动的。在社团中，共享的身份同质性使得不同社团内部关系更加紧密、外部连接更加微弱。据此可知，生产相似知识的知乎用户具有相近的个人特征，不同知识社团的生产者也必截然不同。

最后回到知识生产鸿沟上，知识的社会结构和心理因素是以往知识鸿沟研究关注的重点，关于权力分配本身很少涉及。但事实上，社会权力的不平等分配是由不同的知识占有水平所暗示的，拥有更多知识和参与的人更有可能获得社会系统提供的利益，更有可能成功地维护自己的利益。从根本上说，知识鸿沟研究的动机是对不平等的关注，问答平台作为当下在线知识生产的重要场景之一，给研究者审视互联网上权力分配提供了一个理想的平台。

第三节　教育弱势群体的"在场后缺场"

　　提起接受教育，人们通常想到的场景是学生在学校里接受教育，从小学、中学一直持续到本科、研究生。但是，如上文所言，教育不仅仅局限在我们所普遍接受的传统意义上的学校教育，还有许多非正规和非正式学习的途径。对于教育弱势群体来说，接受非正规的学校教育是他们提升自身能力和素养的重要途径。加拿大继续教育学教授布谢尔认为，正规教育和非正规教育最大的不同是提供教育的机构存在差异。前者是被社会给予充分信任和尊敬的学校、学院、大学等类似的机构，具有一定的权威性；而非正规组织则是"校外"的教育机构。自2012年党的十八大报告明确提出要"完善终身教育体系，建设学习型社会"之后，我国便提出要以终身教育为指导，重视非正规教育和非正式教育的建设，继续教育中许多培训机构就属于非正规教育的一部分。

　　研究者通常利用新闻报道、社会调查等方式发现和挖掘人们对于社会议题的关注。本书认为，知乎问答平台作为知识分享和话题讨论的场域，平台上生产的教育内容在一定程度上也反映了人们对于教育的关切。通过前文对于知乎教育领域知识疆域的内容和结构分析，本书认为我国针对教育弱势群体，在低投入教育相关知识的普及力度仍然不足，在话题场域的声量较低、话语权较弱。主要表现有：（1）低投入教育阶段的知识——即成人高考、专升本等——生产量级极小，占整体知识的2%左右；（2）低投入教育阶段相关知识形成的稳定社团数量极少，社团位于全局网络的边缘位置，重要性较低，并且社团内部节点数量增长态势不足。

　　互联网的确提供了更多进入公共领域的途径，并通过降低准入门槛给弱势群体赋权，但是人们是否意识到并积极使用这种权利更加重要。

进入知乎问答平台只是参与公共领域的第一步，进入后生产怎样的内容、生产多少量级的内容、能够产生多大的影响等问题更为重要。概括来说，"继续教育"等低投入教育在我国教育舆论场上面临着"在场后缺场"的失语问题。为何会造成此种局面，本文主要分析得出以下几点原因：

首先是中产阶层对正规建制性教育的强调。正规教育为我们提供有目的、有组织、有计划的学习路径，是一种由专业专职人员承担的、以影响学生身心发展为直接目标的、全面系统培养和训练学生德智体美劳的教育活动。从终身教育连续性的角度来看，我国建设终身学习的最大的困难是正规教育始终占据着一种压倒性的优势。我们传统的教育观念认为，正规教育机会可能带来的社会阶层的跳跃和提升，使得中国历来崇尚正规教育而鄙视非正规教育，实现态度层面的快速转变具有一定难度。

其次是非正规教育中高等教育的缺位。许多高等院校中尚未建设继续教育学院、开设继续教育课程，针对成人学习者提供的各类学历、非学历的教育与培训少之又少，质量参差不齐。总体来看，我国学校、学院向成人敞开的门还不够大，已有的非正规教育培训体系并不能满足学习者日益增长的需求。改变这种现状，需要教育决策者密切关注非头部学习者的需求，通过新的方法、途径和实践进行改善。打造学习型社会并非为了打破人们对正规教育、学校教育的重视，而是需要赋予非正规教育更多的资源和注意力，以此改变不平等现状、弥合教育鸿沟。

第七章　在线知识的合作建构机制

在在线知识传播过程中，在线社会合作是否以及如何促进了知识的贡献？乌尔里克·克雷斯（Ulrike Cress）和约阿希姆·金默勒（Joachim Kimmerle）探究了个体认知系统和知识平台系统[1]，发展了施塔尔的协同知识建构模型[2]，探究在知识平台系统中，协同知识建构的前提条件。他们认为，在在线知识分享平台中，个体的认知系统（Cognitive System）和知乎社交平台（Social System）相互作用，从而推进了知识的协同建构。个体根据知识分享平台的已有信息，完成内化（Internalize）认知过程，如同化过程（Assimilation）和认同过程（Accommodation）。个体在此过程中，判断在线社会系统中的已有知识，进而贡献个体已有知识，外化（Externalize）他们的知识，完成知识的协同建构，实现个体认知系统和知识分享平台系统的共同演进。

1　Cress U, Kimmerle J. The Interrelations of Individual Learning and Collective Knowledge Construction: A Cognitive-Systemic Framework[M/OL]. SCHWAN S, CRESS U, ed. by. The Psychology of Digital Learning. Cham: Springer International Publishing, 2017: 123–145[2020–12–16].
2　Stahl G. A model of collaborative knowledge-building[C]. Fourth international conference of the learning sciences. 2000,（10）: 70–77.

该理论认为，个体认知系统和知识平台社会系统的互动过程中，个体与平台之间的认知一致性（Incongruity），决定了个体是否在知识分享平台社会系统中贡献知识。如果个体发现其认知系统和知识分享平台社会系统的知识存在冲突（Incongruent），则有较大概率通过外化（Externalization）过程，贡献个体知识，从而修正知识分享平台社会系统的已有知识。

然而，在宏观层面知识是如何增长的？这是一个尚未得到深入回答的问题。信息传播是信息从一个个体到另一个个体的过程，宏观上表现为信息量等参数随时间的变化，一般呈现出初显—增长—衰退的过程。信息传播过程是大量个体自主行动后涌现出的宏观表现。由于人具有一定的行为模式，传播过程也表现出相应的特征。在本章中，我们将分别讨论知识的增长与知识回答的爆发点预测，以及知识建构过程中信息增量的演化趋势。

具体而言，利用在线知识分享平台用户行为数据，我们能够对在线知识建构过程进行量化研究。在线知识共享平台通过问题的"提出—回答"来组织信息，每个回答下嵌入了"评论"与"点赞"功能[1]。因此，基于信息的组织结构，我们能够探究在线知识建构过程中，如何判定在线合作机制的涌现，以及在线合作对于知识建构的影响。本章将以"问题"为单位，从这个角度审视知识建构，探究用户知识建构合作机制的保留，从而进一步探究在线知识的合作建构机制与主要影响因素。

第一节　知识回答行为的爆发现象

综合来看，爆发是一种偏离常态的急剧变化，在不同的情境下具有不同的表征方式和研究意义。爆发的字面意思是指突然发生变化，具体

---

[1] Hewitt J, Toward an Understanding of How Threads Die in Asynchronous Computer Conferences[J]. Journal of the Learning Sciences, 2005, 14(4): 567-589.

指某一事件的发生频率在短期内快速升高。爆发现象常常出现在各类活动中。在线信息具有更加丰富的时间动态特征，且内容的实时更新使其传播特征不断演化，因此在线平台中的爆发现象更加容易判定。但不同平台中的爆发具体表示与含义各不相同。在线社交平台（例如 Twitter、微博）中的爆发是指某则消息在短期内获得了大量的转发、评论、点赞，人们对消息关注度的急剧上升；在线分享平台例如 YouTube 中的爆发是指上传的内容获得了大量点击，是内容流行度的快速上升[1]。信息传播过程中是否出现爆发现象具有显著的研究意义，有助于发现爆点信息进而把控在线网络的舆论环境。

在知识传播研究领域，爆发意味着用户间突然增加的合作性知识建构，即合作机制的成功建立[2]。在线问答平台例如知乎、Q&A 等其中的爆发是指问题的问答快速增加。具体而言，本章以单条问题的回答"爆发"来探究知识合作建构。信息的爆发性传播，是一种独特的传播现象。在本书中，爆发描述的是"时间序列上突然的、猛烈的增长以及随后的消退，通常会形成一个或多个峰"[3]。本节旨在建构一种适用于不同系统的传播模式分类方法，判断在线信息传播过程是否有爆发现象出现。

一、知识爆发的识别方法

爆发实际是对不同时间序列演化特征的分类，有急剧上升期的时间序列被认定为爆发序列，反之则认为该事件没有爆发[1]。

1　Figueiredo F, Benevenuto F, Almeida J M. The tube over time: characterizing popularity growth of youtube videos[C]. Proceedings of the fourth ACM international conference on Web search and data mining. 2011: 745–754.
2　Keegan B C, Tan C. A Quantitative Portrait of Wikipedia'sHigh-Tempo Collaborations during the 2020 Coronavirus Pandemic[J/OL]. ArXiv:2006.08899 [Physics], 2020[2020–12–16].
3　Cha M, Mislove A, Gummadi K P. A measurement-driven analysis of information propagation in the flickr social network[C]. Proceedings of the 18th international conference on World wide web. 2009: 721–730. Barabási A-L, Gelman A. Bursts: The Hidden Pattern behind Everything We Do[J]. Physics Today, 2010, 63(5): 46.

（一）数据描述

在本书中，爆发与否是对问题回答数量增长特征的描述，因此本书在知乎数据库的160万个问题中随机抽取了1万个问题及其对应的回答进行实验。问题表中使用的字段有：问题编号（Qid）和回答编号（Aid），用于问题和回答的匹配；回答发布时间戳（Publish_Time），用于时间维度回答数量的特征统计。

在1万个问题中，仅有25%的问题具有十个以上的回答，50%的问题时间长度在38天及以上。结合爆发的直观解释，本文依据经验及数据的统计特征，仅选取回答数量大于等于20，时间长度大于等于90天的问题进行爆发与否的判断。筛选后得到1 349个问题，其统计特征如图7.1、表7.1所示。

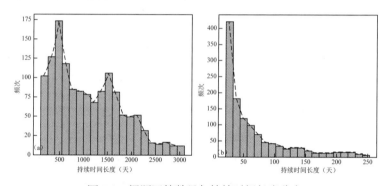

图 7.1　问题回答数量与持续时间长度分布

表 7.1　问题时间长度与回答数量

	均值	中位数	最小值	最大值
时间长度	1 099.343	980.000	91.000	3 117.000
回答数量	195.134	50.000	20.000	22 809.000

（二）指标选择

在线网络信息传播研究中的一个重要指标是流行度，其被定义为某时刻人们对某则网络消息的关注度，具体可被定义为回答、点赞、评论、观看的次数。爆发可以理解为流行度随时间演化过程中的急剧变化现象。

量化知乎上发布的问题的流行度，回答数量是判定指标之一。回答数量可以作为判断爆发与否的直观指标：爆发的问题在短时期内吸引了大量的回答，回答寥寥的问题产生爆发现象的可能性则很小。除回答数量之外，其衍生指标更能反映流行度的急剧变化，因此本文引入峰值比率（PF）和变异系数（CV）作为爆发性判断的另外两个指标。峰值是指某问题单位时间最大的回答增长数，峰值比率是指峰值与该问题回答总数的比率。变异系数是回答数量一阶差分序列标准差与平均值的比率，用于反映数据的离散程度。综上，本文使用的三个时序特征如表7.2所示。

表 7.2　时序特征指标描述

符号表示	含义描述
Scale	整个问题周期的回答总数
PF	回答增长曲线的峰值比率
CV	回答增长曲线的变异系数

（三）聚类方法

在数据集没有标签的情况下，聚类算法能够在无监督情况下根据数据相似性将其划分为不同类别。本文采用了K-means算法对知乎问题回答序列爆发与否进行判定。K-means算法是一种迭代求解的聚类算法。算法预先设定将数据分为K个类别，在数据中随机选择K个对象作为初始聚类中心，然后计算每个对象分别与K个中心之间的距离，使每个对象和其最近的中心聚为一个类。每次分配聚类后，将重新计算每个类内的新中心（质心），迭代分配过程，直至满足某个终止条件。K-means聚类算法根据质心和相似距离进行迭代，原理简洁，运算快速。且该算法需要提前指定类别数，对于知乎问题爆发的判断是最合适的聚类算法。

（四）实验方法及检验指标

本实验首先根据回答数量增长曲线人工判断是否爆发，在1349个问题中，爆发的问题 869 个，未爆发的问题 480 个。之后在不同参数选择下进行聚类，将聚类结果与人工判断结果进行比较。聚类结果由查准率和查全率两个指标进行评价。查准率是指聚类得到的爆发问题集合中与人工判断重合的比率，查全率是指以人工判断结果为基准，聚类算法能够找到的爆发问题所占的比率。其中 A 是指 K-means 聚类确定的爆发问题集合，B 是指人工判断的爆发问题集合。

$$查准率 = \frac{A \cap B}{A}$$

$$查全率 = \frac{A \cap B}{B}$$

A：聚类判定为爆发的问题集合

B：人工判断为爆发的问题集合

A∩B：聚类和人工判断都为爆发的问题集合

二、判定知识回答行为的爆发

（一）聚类指标的筛选

上文选取的三个指标中，scale 是指问题的回答总数，在本书中回答数量就是知乎问题的流行度。但弗拉维奥·菲格雷多（Flavio Figueiredo）研究发现某些网络消息的流行度可以在长时间内出现持续增长现象，流行度极高且其演化很难预测，所以回答数量是否是合适的判断爆发的指标需要进行实验判断[1]。因此研究在聚类时针对是否加入 scale 进行了实验，单位时间分别定为 30 天和 60 天，K-means 聚类算法需要事先指定聚出几个类别，因此指定聚类为两个类别，爆发类和未爆发类（即类别数 K=2），实验结果如表 7.3 所示。由于各个问题的回答总数差距悬殊，对聚类的结果影响极大，因此在聚类前进行了归一化处理。

---

[1] Figueiredo F. On the prediction of popularity of trends and hits for user generated videos[C]. Proceedings of the sixth ACM international conference on Web search and data mining, 2013: 741–746.

表 7.3 加入 scale 后聚类结果

聚类指标	单位时间	爆发问题数	查准率	查全率
(scale,PF,CV)	30	488	0.983 9	0.561 6
(PF,CV)	30	486	0.983 8	0.559 3
(scale,PF,CV)	60	515	0.984 7	0.592 6
(PF,CV)	60	515	0.984 7	0.592 6

结果显示，无论单位时间是 30 天还是 60 天，加入 scale 与否，实验结果基本没有差别，因此 scale 不是判断问题爆发的合适指标，在之后的实验中将其剔除。

（二）类别数的确定

以问题是否爆发作为分类目标对问题进行 K-means 聚类后发现，在知乎问题中存在一种"睡美人"现象，如图 7.2 所示。"睡美人"现象原指在学术界，一篇论文刚发表时几乎无人关注，若干时间后突然被大量引用。同样，在知乎中某一问题提出时仅收获了少量回答，但受到时事热点、知乎大 V 等的影响突然回答量激增，这是一种滞后爆发的现象。受到这种现象的启发，本文改变聚类时指定的类别数（$K=2$），寻求判断效果最好的类别数，实验结果如表 7.4 所示。

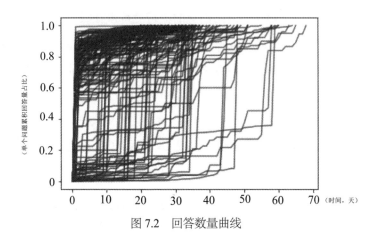

图 7.2 回答数量曲线

表 7.4 加入"睡美人"因素后聚类结果

单位时间	类别数	爆发问题数	查准率	查全率
30 天	2 类	486	0.983 8	0.559 3
30 天	3 类	469	0.938 0	0.539 7
	3 类	656（含"睡美人"）	0.953 5	0.754 9
30 天	4 类	319	0.981 5	0.367 1
	4 类	463（含"睡美人"）	0.985 1	0.532 8
60 天	2 类	515	0.984 7	0.592 6
60 天	3 类	507	0.910 2	0.583 4
	3 类	755（含"睡美人"）	0.936 7	0.868 8
60 天	4 类	346	0.980 2	0.398 2
	4 类	514（含"睡美人"）	0.984 7	0.591 5

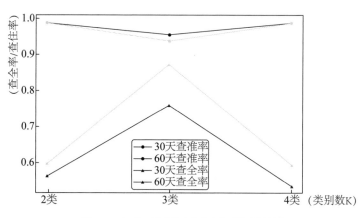

图 7.3 加入"睡美人"因素后聚类结果

实验结果显示（图 7.3、表 7.4），将"睡美人"的一类归为爆发类别中时，无论单位时间是 30 天或 60 天，聚成 3 类得到的查全率都是最高的，查准率有轻微的下降。相较于只计算初期爆发的一类，包含"睡美人"时，查准率和查全率在不同参数水平下都得到了上升。因此，在之后的实验中,将聚类的类别指定为3。

(三)单位时间的选取

不同消息的传播方式、传播速度不尽相同。微博消息几小时就可能获得大量关注,科研论文的引用情况则多以年为单位时间进行统计,知乎中问题的传播环境与以上皆不相同,因此流行度计算的单位时间需要根据实验确定。根据问题的时间长度特征,研究以15天为步长,将单位时间设定在15天至120天之间进行了实验,结果如表7.5、图7.4所示。

表7.5 不同单位时间聚类结果

单位时间	爆发问题数	查准率	查全率
15天	434	0.917 5	0.499 4
	629(含"睡美人")	0.938 8	0.723 8
30天	469	0.938 0	0.539 7
	656(含"睡美人")	0.953 5	0.754 9
45天	489	0.936 8	0.562 7
	708(含"睡美人")	0.954 2	0.814 8
60天	507	0.910 2	0.583 4
	755(含"睡美人")	0.936 7	0.868 8
75天	497	0.856 9	0.571 9
	784(含"睡美人")	0.901 1	0.902 2
90天	527	0.894 7	0.606 4
	766(含"睡美人")	0.924 0	0.881 5
105天	535	0.847 9	0.615 7
	792(含"睡美人")	0.888 9	0.911 4
120天	536	0.965 8	0.616 8

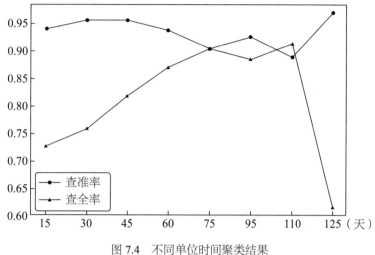

图 7.4 不同单位时间聚类结果

当单位时间为 120 天时，聚类结果如下所示。由于单位时间过长，爆发的界定过于宽松，使用类别数 $K=3$ 将问题聚类为 3 类时，会出现爆发类问题集合 [如图 7.5（a）所示] 中包含了大量滞后爆发的问题，而第二类问题集合中仅包含少量问题，换言之，以 120 天作为单位时间，会因单位时间过长而导致"睡美人"类型的问题无法被识别，最终导致聚类失败。因此，本文在探究单位时间的选取时不再考虑再大的单位时间。

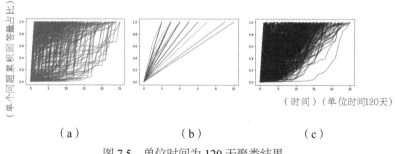

图 7.5 单位时间为 120 天聚类结果

随着单位时间的增加，结果显示单位时间在 90～105 天时，聚类识别出的爆发问题数量增加，查全率不断上升，查准率不断下降，这是因为单位时间的设置越宽泛，单位时间内增长的回答数量占总回答数的比例越高，问题越易被界定为爆发。且查全率的上升比查准率的下降更显著，因此适当延长单位时间可以提高聚类的效果。实际操作中应取查全率和查准率都能保持在较好水平的结果。可以通过一些辅助指标（如 F-score）或根据实际情况判断最优解。

就知乎问题而言，当单位时间为 45 天时，查全率的上升幅度最大，查准率反而有轻微上升。结合前述的问题特征统计，50% 的问题时间长度在 38 天以下，单位时间设定过长会导致问题时序曲线的数据点过少，反而难以研究演化特征。因此，聚类指标为峰值比率、变异系数，聚类类别设定为 3，单位时间设定为 45 天时，通过 K-means 算法得到的聚类结果是最理想的。

本节分析了知乎问题回答爆发的现象和基本研究方法。从上文对于知乎回答爆发的判定可以看出，知乎问题回答数量的爆发能够判定在线知识合作建构的模式涌现。此外，本书还发现了如下宏观规律：知乎问题回答数量的爆发时间是非线性的。本书发现，在在线知识分享平台中，知识合作并非只存在着"合作"与"不合作"两种，而是存在三种不同的合作建构模式，即未形成合作模式（未爆发）、形成合作模式（爆发），以及回答沉寂一段时间后才形成合作（"睡美人"）。问题的回答总数不能用于区分问题是否爆发，这与我们的直观认知略有出入，回答数量高的问题不意味该问题曾在短时间获得大量流行度。换言之，问题的流行程度与在线知识合作建构的模式涌现存在本质的差别。对聚类类别指定为 3 类时，包含"睡美人"在内的结果查准率最高；不论聚类类别数量和单位时间长短，包含"睡美人"在内的查准率和查全率都更高。说明在知乎问题中，滞后爆发的问题所占的比重不容忽视，这种演化模式具有典型性。

第二节 知识增量的演化趋势

在线知识分享系统可被视为具有高度结构化，同时又开放包容的观点市场。多样化的信息与观点能够在该系统中彼此竞争和存在。因此，本节从知识分享平台生态系统的角度，分析知识的增长如何在社会化合作过程中得以增长。

在商业化市场中，市场结构影响了产品的生产。相比于竞争性市场，垄断性市场能够决定产品需求的弹性以及产品价格[1]。而在观点市场中，知识的生产同样取决于观点市场结构。然而，目前对于观点市场是如何影响知识增长的，仍然语焉不详[2]。在竞争的观点市场中，知识的建构表现为成员间协商的过程。相反，在垄断的观点市场中，一小部分精英用户主导了在线知识分享系统的知识建构。相比于普通用户，精英用户在推动知识发展方面起到了更重要的作用[3]。

通过刻画知识建构的过程，在线知识分享平台为我们提供了验证上述假设的机会。在在线知识分享平台中，一条问题和回答（Discussion Thread）呈层级性组织，问题的回答通过"回复"的形式，按照时间或

---

1 Lerner A. The Concept of Monopoly and the Measurement of Monopoly Power[M/OL]. ESTRIN S, MARIN A, ed. by Essential Readings in Economics. London: Macmillan Education UK, 1995: 55–76[2021–01–21].
2 Gunawardena C N, Lowe C A, Anderson T. Analysis of a Global Online Debate and the Development of an Interaction Analysis Model for Examining Social Construction of Knowledge in Computer Conferencing[J]. Journal of Educational Computing Research, 1997, 17(4): 397–431.
3 Cole J R, Cole S. The Ortega Hypothesis: Citation Analysis Suggests That Only a Few Scientists Contribute to Scientific Progress[J]. Science, 1972, 178(4059): 368–375.

流行度进行排列。在每一条"回复"中，用户可以进一步进行"评论"，从而形成完整的嵌套层级结构[1]。这种嵌套层级结构的信息能够被用来清晰地判定知识内容的演化。在在线知识分享系统中，用户的所有信息传播行为都是可追踪的。从这个意义而言，信息建构过程可以被看作是知识增加（Knowledge Accumulation）的过程。

本节将着重探讨，观点市场是如何促进在线知识建构的。我们发现，竞争的观点市场增加了知识建构的机会。相反，垄断的观点市场对于知识的建构过程和创新具有负面的限制作用[2]。

一、知识建构过程的关键概念与指标

（一）如何评价知识建构？

在知识建构过程中，一个关键的维度是衡量信息是否增加。在线知识建构旨在创造新的观点、对现象进行新的阐释，以及以理论视角帮助社区成员理解现实[3]。在专业的建制性知识生产领域（例如学术界），知识建构过程往往表现为著作或论文的发表（例如，同行评审期刊、会议论文等）。得以发表的成果，往往被认为具有创新性、反常识性（Counterintuitive），从而使得人类已有的知识得以增加。与线下专业的建制性知识建构类似，在线知识的建构也表现为随着时间变化事实和信

1　Hewitt J. Toward an Understanding of How Threads Die in Asynchronous Computer Conferences[J]. Journal of the Learning Sciences, 2005, 14(4): 567–589.
2　Lachenmayer D. Let It Flow: The Monopolization of Academic Content Providers and How It Threatens the Democratization of Information[J]. The Serials Librarian, 2019, 75(1–4): 70–80.
3　Bereiter C, Scardamalia M. Learning to Work Creatively with Knowledge[J]. Powerful Learning Environments: Unravelling Basic Components and Dimensions, 2003: 55–68.Scardamalia M, Bereiter C. Computer Support for Knowledge-Building Communities[J]. The Journal of the Learning Sciences, 1994, 3(3,): 265–283.Scardamalia M, Bereiter C. Schools as Knowledge-Building Organizations[J]. Today's Children, Tomorrow's Society: The Developmental Health and Wealth of Nations, 1999: 274–289.

息的增加[1]。在线知识分享平台的知识合作建构是在观点竞和的环境中的事实建构过程[2]。从这个意义而言，评估知识建构过程一个重要标准是有效信息的积累[3]。

（二）观点市场（Marketplace of Ideas）

观点市场的概念基于经济学中自由市场（Free Market）提出，是观点自由表达的基本理性假设。在线知识分享系统中的观点市场指知识贡献个体之间的意见气候（Opinion Climate）。根据布鲁诺·拉图尔（Bruno Latour）和斯蒂芬·伍尔加（Stephen Woolgar）[4]，知识建构过程的信息增长通过知识贡献者之间对新的内容的协商而产生。经过在线用户间多轮讨论后，在线知识平台能够涌现出稳定且清晰的观点。在竞争的观点市场中，知识贡献者能够更好地理解和解决信息的冲突和不协调[5]。从这个角度而言，问题的回答体现了观点竞赛场（Agonistic Field）中观点间的竞争。此外，在竞争的观点市场中，自由表达具有自我纠正效能（Self-Correcting）[6]。真相通过自由、透明的公共话语的竞争产生；在这样的观点市场中，那些通过竞争取得主流地位、被广泛接受的意见成为主流意见。

---

1 Tatum C, LaFrance M. Wikipedia as a Knowledge Production Laboratory: The Case of Neoliberalism[J]. E-Research: Transformation in Scholarly Practice. New York, NY: Routledge, 2009: 310–327.
2 Latour B, Woolgar S. Laboratory Life: The Construction of Scientific Facts[M]. Princeton, N.J: Princeton University Press, 1986.
3 Chhabra A, Iyengar S R S. Who Writes Wikipedia?: An Investigation from the Perspective of Ortega and Newton Hypotheses[C/OL]. Proceedings of the 16th International Symposium on Open Collaboration. Virtual conference Spain: ACM, 2020: 1–11[2021–01–21].
4 Latour B, Woolgar S. Laboratory Life: The Construction of Scientific Facts[M]. Princeton, N.J: Princeton University Press, 1986.
5 Tatum C, LaFrance M. Wikipedia as a Knowledge Production Laboratory: The Case of Neoliberalism[J]. E-Research: Transformation in Scholarly Practice. New York, NY: Routledge, 2009: 310–327.
6 Siebert F S. Four Theories of the Press: The Authoritarian, Libertarian, Social Responsibility, and Soviet Communist Concepts of What the Press Should Be and Do[M]. Urbana: University of Illinois Press, 1956.

相反，垄断的观点市场控制信息流，遏制或排斥与主流观点不同的信息。在个体层面，潜在的知识贡献者在垄断的观点市场中根据当前回答判定何为主流意见，并根据主流意见判断他们持有的意见与信息是否是少数意见。根据"被孤立焦虑"（Fear of Isolation）原则，潜在知识贡献者将根据主流意见决定是否公开表达自己的意见。如果自己持有的意见被他自己认为是少数派意见，他将很可能保持沉默，拒绝提供新的信息[1]。所以，从这个意义上来说，竞争的观点市场会促进信息的累积；而垄断的观点市场信息的增量较少。

此外，根据布鲁诺·拉图尔和斯蒂芬·伍尔加[2]和其他知识建构的相关研究，参与者特征、时序特征以及文本特征等条件变量（Conditional Variables）对解释在线知识建构也起到了重要作用。

（三）影响知识建构的参与者特征

首先，在线知识分享平台社区促进了社会参与（Social Participation）。而社会参与对于知识建构具有重要作用，其促进了社会成员间的彼此连接（Social Cohesion）和社会归属感（Sense of Belonging）[3]。根据夏洛特·N. 古纳瓦德纳等学者的研究[4]，个体参与特征决定了知识建构的关键阶段，例如概念、观念、论断等不协调（Dissonance or Inconsistency Among Ideas, Concepts, or Statements）之处的发现与探索，意义的协商以及知识证伪的检验，假设的修正等。个体用户通过与平台内其他用户

---

[1] Noelle-Neumann E. The Spiral of Silence a Theory of Public Opinion[J]. Journal of Communication, 1974, 24(2): 43–51.
[2] Latour B, Woolgar S. Laboratory Life: The Construction of Scientific Facts[M]. Princeton, N.J: Princeton University Press, 1986.
[3] Bereiter C, Scardamalia M. Learning to Work Creatively with Knowledge[J]. Powerful Learning Environments: Unravelling Basic Components and Dimensions, 2003: 55–68.
[4] Gunawardena C N, Lowe C A, Anderson T. Analysis of a Global Online Debate and the Development of an Interaction Analysis Model for Examining Social Construction of Knowledge in Computer Conferencing[J]. Journal of Educational Computing Research, 1997, 17(4): 397–431.

的互动，判断是否参与知识建构过程。从这个意义而言，个体的参与特征影响了在线知识分享平台中用户知识贡献的动机，即是否分享个体已有知识。具体而言，本书引入了群体规模和活跃用户特征来表示参与者特征。

群体规模。群体规模意味着参与知识建构的潜在人数[1]。与小群体相比，大的群体规模存在规模效应，能够提高知识建构的效率[2]。更重要的是，大规模群体能够在在线合作环境中激发"群体智慧"[3]，即知识贡献者之间能够依据他人提供的信息进一步增加知识贡献。从这个意义上来说，群体规模刺激了在线知识分享平台的知识分享。

活跃用户。在线人际传播的一个广泛共识是"90-9-1"原则，即90%的用户是从不贡献内容的"潜伏者（Lurkers）"；9%的用户贡献很少的内容；1%的用户贡献了绝大部分在线内容[4]。既往研究发现，用户对于在线社交平台的内容贡献极不平均[5]，活跃用户被认为是平台内容的

1　Wang G, Gill K, Mohanlal M, et al. Wisdom in the Social Crowd: An Analysis of Quora[C/OL]. Proceedings of the 22nd International Conference on World Wide Web - WWW'13. Rio de Janeiro, Brazil: ACM Press, 2013: 1341–1352[2021–01–21].

2　Anonymous. Economics of Strategy[M]. BESANKO D, DRANOVE D, SHANLEY M, et al., ed. by. 5. ed edition. Hoboken, NJ: Wiley, 2010.T. Hansen M, Nohria N, Tierney T. What's Your Strategy for Managing Knowledge[M/OL]. WOODS J A, CORTADA J. The Knowledge Management Yearbook 2000-2001. Routledge, 2013: 55–69[2021–01–21]. Mahnke V, Handelshøjskolen i København, Institut for Industriøkonomi og Virksomhedsstrategi. The economies of knowledge-sharing: production- and organization cost considerations[M]. Kbh.: Institut for Industriøkonomi og Virksomhedsstrategi, Handelshøjskolen i København, 1996.

3　Kittur A, Chi E, Pendleton B A, et al. Power of the Few vs. Wisdom of the Crowd: Wikipedia and the Rise of the Bourgeoisie[J]. World wide web, 2007, 1(2): 19.

4　De A, Valera I, Ganguly N, et al. Learning and Forecasting Opinion Dynamics in Social Networks[J/OL]. ArXiv:1506.05474 [Physics], 2016[2021–01–21].Stewart O, Lubensky D, Huerta J M. Crowdsourcing Participation Inequality: A SCOUT Model for the Enterprise Domain[C/OL]. Proceedings of the ACM SIGKDD Workshop on Human Computation - HCOMP '10. Washington DC: ACM Press, 2010: 30[2021–01–21].

5　Kittur A, Kraut R E. Beyond Wikipedia: Coordination and Conflict in Online Production Groups[C/OL]. Proceedings of the 2010 ACM Conference on Computer Supported Cooperative Work - CSCW '10. Savannah, Georgia, USA: ACM Press, 2010: 215[2021–01–21].

主要贡献者。根据牛顿假说（Newton's Hypothesis），知识贡献是由一小批精英用户完成的，而非普通用户（Average or Mediocre Users）。从这个意义上来说，活跃用户的比例促进了信息的积累。

（四）在线知识分享平台的时间特征

时间因素也直接影响了知识建构。在线知识的建构并不是随时间发生线性变化。由于后续用户会重复参考和引用相似的信息，随着累积的新信息越来越多，新信息的重复性内容必然增加。因此，在时间维度上，知识的建构产生的信息增量是一个随时间自然衰减的过程，知识的增长呈现出自然下降趋势（Natural Decaying Mechanism）。换言之，在一个问题中，第一个回答提供的信息增量是最多的，而后续回答提供的信息增量必然慢慢减少。因此，信息增量这一自然衰减的过程，可以表现为时序的函数。时间因素对知识建构的作用是隐性的（Hidden Manner）和非主观的（Unintentional）[1]。

此外，一些外部及内部激发效应（Trigger）——例如争议性话题、有偏见的信息，或故意挑衅的语言（Vandalism）可能刺激用户提供更多的回应，表现为短时间内回答行为的激增。如上文所言，信息的爆发是短时间内在线合作的指征[2]。例如，在维基百科中，词条编辑的爆发体现出了在线活跃用户的行为增加[3]。发帖行为刺激了在线合作的形成，例如

---

[1] Krampen G. Acceleration of Citing Behavior after the Millennium? Exemplary Bibliometric Reference Analyses for Psychology Journals[J]. Scientometrics, 2010, 83(2): 507–513.Peng T-Q, Zhu J J. Mobile Phone Use as Sequential Processes: From Discrete Behaviors to Sessions of Behaviors and Trajectories of Sessions[J]. Journal of Computer-Mediated Communication, 2020, 25(2): 129–146.

[2] Kushner T, Sharma A. Bursts of Activity: Temporal Patterns of Help-Seeking and Support in Online Mental Health Forums[C/OL]. Proceedings of The Web Conference 2020. Taipei Taiwan: ACM, 2020: 2906–2912[2021–01–21].

[3] Eftekhar M, Koudas N, Ganjali Y. Bursty Subgraphs in Social Networks[C/OL]. Proceedings of the Sixth ACM International Conference on Web Search and Data Mining - WSDM '13. Rome, Italy: ACM Press, 2013: 213[2021–01–21].Al Tamime R, Giordano R, Hall W. Observing Burstiness in Wikipedia Articles during New Disease Outbreaks[C/OL].Proceedings of the 10th ACM Conference on Web Science. Amsterdam Netherlands: ACM, 2018: 117–126[2021–01–21].

即兴创作[1]、相互关联[2]以及赋予专业性（Privileging Expertise）[3]和知识的形成（Knowledge Shaping）[4]。合作的涌现能够让多元性的用户贡献知识[5]。从这个意义上来说，短时间内知识回答的爆发意味着知识建构行为以及信息的增量。因此，问题回答之间的时间间隔长度越短，信息增量可能越多。

（五）知识建构的话语特征

如布鲁诺·拉图尔和斯蒂芬·伍尔加[6]所言，在线知识建构是一个在线话语协商过程。在传统的学术知识生产过程中（例如，博士论文和期刊论文的发表），语言是知识建构的基本沟通工具。语言彰显了学科特有的专业规范下特有的专业知识表述（Representation of Discipline-Specific Knowledge）[7]。语言表述体系假设使用语言的个体已经知晓语言的使用规则[8]。此外，学术写作需要保持其客观立场[9]。因此，相比而言，学术领域的语言要比非学术领域语言抽象，可读性也更低。在线的知识建构挑战了传统的学术语言生产模式，表现为客观的、可读性低

1　Barrett F J. Coda—Creativity and Improvisation in Jazz and Organizations: Implications for Organizational Learning[J]. Organization Science, 1998, 9(5): 605–622.
2　Weick K E, Roberts K H. Collective Mind in Organizations: Heedful Interrelating on Flight Decks[J]. Administrative Science Quarterly, 1993, 38(3): 357.
3　Faraj S, Sproull L. Coordinating Expertise in Software Development Teams[J]. Management Science, 2000, 46(12): 1554–1568.
4　Yates D, Wagner C, Majchrzak A. Factors Affecting Shapers of Organizational Wikis[J]. Journal of the American Society for Information Science and Technology, 2009: n/a-n/a.
5　Keegan B C, Tan C. A Quantitative Portrait of Wikipedia's High-Tempo Collaborations during the 2020 Coronavirus Pandemic[J/OL]. ArXiv:2006.08899 [Physics], 2020[2020–12–16].
6　Latour B, Woolgar S. Laboratory Life: The Construction of Scientific Facts[M]. Princeton, N.J: Princeton University Press, 1986.
7　Parry S. Disciplinary Discourse in Doctoral Theses[J]. Higher Education, 1998, 36(3): 273–299.
8　Bazerman C. What Written Knowledge Does: Three Examples of Academic Discourse[J]. Philosophy of the Social Sciences, 1981, 11(3): 361–387.
9　Parry S. Disciplinary Discourse in Doctoral Theses[J]. Higher Education, 1998, 36(3): 273–299.

的语言难以获得更多的关注[1]。接下来进一步讨论话语特征中情感和可读性两个维度。

1. 情感。

包含了情感以及易于理解的信息能得到更多的关注[2]。问题回答所包含的情感，一定程度上表示知识贡献者对某一个话题的兴趣。情绪强度（Valence）越强，其对该话题的兴趣越高[3]。如果一个话题具有积极正向情感，则用户对话题的知识贡献概率更大[4]。此外，从在线人际传播的角度来说，个体对一个话题的情绪体现了在线讨论的基本氛围（Basic Atmosphere）。早前研究发现，积极的情绪（例如，礼貌地提及他人，对别人表示尊称等）能够进一步刺激后续的在线沟通[5]。相反，侮辱性地或者不礼貌的情绪用词，则很可能会终结一个在线讨论。从这个意义上来说，文本的积极情绪能够刺激在线知识建构，而文本的消极情绪则降低了知识增长的概率。

2. 可读性。

可读性指的是用户对于文本的可理解性[6]。尽管在讲述同样的知识，面向专业读者的期刊论文比面向普通大众的科普文章在语言的可读性层

1　Zhang L, Zheng L, Peng T-Q. Structurally Embedded News Consumption on Mobile News Applications[J]. Information Processing & Management, 2017, 53(5): 1242–1253.
2　Xu W (Wayne), Zhang C. Sentiment, Richness, Authority, and Relevance Model of Information Sharing during Social Crises—the Case of #MH370 Tweets[J]. Computers in Human Behavior, 2018 (89): 199–206.
3　Hegselmann R. OPINION DYNAMICS AND BOUNDED CONFIDENCE MODELS, ANALYSIS, AND SIMULATION[J]. 2002: 33.Krapp A. Interest, Motivation and Learning: An Educational-Psychological Perspective[J]. European Journal of Psychology of Education, 1999, 14(1): 23–40.
4　Colombetti G. Appraising Valence[J]. Journal of Consciousness Studies, 2005, 12(8–9): 103–126.
5　Jiao Y, Li C, Wu F, et al. Find the Conversation Killers: A Predictive Study of Thread-Ending Posts[C/OL]. Proceedings of the 2018 World Wide Web Conference on World Wide Web - WWW '18. Lyon, France: ACM Press, 2018: 1145–1154[2021–01–21].
6　Dale E, Chall J S. The Concept of Readability[J]. Elementary English, 1949, 26(1): 19–26.

面也存在很大差异[1]。由专业人士生产的知识往往具有丰富的领域知识，而专业人士假设读者已经理解潜在的抽象概念，因此其可读性更低[2]。相反，在线知识建构将专业知识转化为科普语言，面向非专业用户[3]，因此语言更为通俗易懂。

语言的可读性影响了对知识建构的专业性评价[3]。使用恰当的语言可以使得普通用户对科学知识更容易理解和接受。可读性高的语言能够吸引普通用户的关注，从而进一步刺激了用户的知识贡献。因此，在线讨论的语言文本可读性一定程度上可能刺激了知识的建构。

此外，本章还引入了问题的类型作为控制变量[4]。我们将问题类型分为意见导向（Opinion Based）、经验导向（Experience Based）和事实导向（Factual Based）三类问题。

二、研究方法

在知乎数据库中，我们随机抽取了 10 000 条问题及其答案（$N = 1\ 600\ 000$）。在数据分析之前，我们对数据进行了如下预处理：第一，问题的发表时间在 2010 年 12 月 20 日至 2019 年 9 月 28 日；第二，问题的回答数大于 10；第三，问题回答的活跃时间大于 30 天。最终，一共 1 980 个问题（包含 99 679 个回答）被选出，用于后续数据分析。

（一）变量测量

信息增量。信息增量指的是在 $t+1$ 时刻，前序回答与 $t+1$ 时刻的回

1　Nwogu K N. Structure of Science Popularizations: A Genre-Analysis Approach to the Schema of Popularized Medical Texts[J]. English for Specific Purposes, 1991, 10(2): 111–123.
2　Zhang Y, Lu T, Phang C, et al. Scientific Knowledge Communication in Online Q&A Communities: Linguistic Devices as a Tool to Increase the Popularity and Perceived Professionalism of Knowledge Contribution[J/OL]. Journal of the Association for Information Systems, 2019, 20(8).
3　Calsamiglia H, Ferrero C L. Role and Position of Scientific Voices: Reported Speech in the Media[J]. Discourse Studies, 2003, 5(2): 147–173.
4　Harper F M, Weinberg J, Logie J, et al. Question Types in Social Q&A Sites[J/OL]. First Monday, 2010[2021-01-21].

答的语词差异（Lexical Difference）。在操作层面，对于给定的问题，我们计算了 $t+1$ 时刻的问题回答文本与前 t 个时段的所有回答文本之间的相似性指数（Similarity Score）。具体而言，我们利用了 Doc2vec 算法，计算了文本之间的余弦相似性（Cosine Similarity）。Doc2vec 算法是一种非监督学习算法，通过计算文本之间的语义距离（Semantic Distance）来判定文本的相似性[1]。Doc2vec 是 Thomas Mikolov 基于 Word2vec 模型提出的。该算法将文档转换为一组语词的分布，从而进一步输入和比较词与词之间的相似性。相似性指标取值介乎 0 至 1 之间。若取值接近于 0，则意味着 $t+1$ 时刻和前 t 个时刻的两个文本之间没有相似性。若取值接近于 1，则意味着 $t+1$ 时刻和前 t 个时刻的两个文本之间完全重复。对于每个问题，我们选择了 $t+1$ 时刻的回答和前 t 个时刻所有回答的相似性最大值。我们进一步定义，第 t 个时刻回答的文本的信息增量为（1-相似性指数）。

观点市场。在本书中，我们利用前 t 时刻每个问题对回答长度的基尼系数以及评论数的基尼系数来衡量在 t 时刻该问题下的观点市场垄断程度。回答长度的基尼系数表示知识建构过程中的平等性；而评论数的基尼系数则表示用户反馈的平等性。基尼系数作为基于熵值的测量指标，衡量了分布的平等性（Equality of Distribution）。基尼系数代表了统计意义（Statistical Dispersion）的不平等分布。评论数基尼系数为 0，表示所有的回答收到了同样数量的评论。相反，评论数基尼系数为 1，则表示最大程度的不平等，即大部分没有收到评论，而只有 1 个回答收到了所有的评论。因此，基尼系数低，则意味着当前问题形成了竞争的观点市场，没有处于垄断地位的意见。而基尼系数高则意味着当前知识建构

---

[1] Le Q, Mikolov T. Distributed Representations of Sentences and Documents[C]. International Conference on Machine Learning. PMLR, 2014: 1188–1196.

形成了垄断观点市场。

活跃用户的出现。为了测量活跃用户的比例，我们计算了该平台中用户回答问题的行为频率。根据"90-9-1"原则，我们将活跃用户定义为问题回答频次排名前1%的用户；中坚用户为问题回答频次排名前10%的用户；普通用户为问题回答频次排名后90%的用户。

情感。情感计算了给定文本中中性、积极与消极情感词汇的强度。我们利用"唤起"（Arousal）和"愉悦性"（Valence）两个维度来测量情感。"唤起"概括了情感的"平静—激动"程度（表示平静的词汇例如"沉闷的""图书馆"等；表示激动的词汇包括"恐怖主义"等）。愉悦性则测量语词的愉悦（Pleasant）程度。比如，"白血病""谋杀"属于低愉悦程度的词；而"阳光""可爱"则属于高愉悦程度的词。在本节，我们采用了语词导向算法（Corpus-Driven Approach）来测量文本的情感。首先，我们匹配了由3176个词组成的中文情感词典（Chinese Sentiment Lexicon）[1][2]。进一步，我们将上述3000余个语词利用HIT IR-Lab同义词词典进行扩充[3]。在此基础上，我们对回答的语词进行情感赋值。

可读性。可读性指用户对于文字进行解码理解的可能性。本书通过汉语水平考试（Chinese Proficiency Test，HSK）（词汇量 = 23 760）中的词汇得分来衡量文本的可读性。该词表于1992年汉语水平考试颁布，用于指导小学课本编写。在本书中，可读性（R）的计算公式见公式（7.1）。

---

[1] Liu F, Lin Z, Qu Y. A System Dynamics Investigation of Knowledge Collaboration in Online Encyclopedias Based on Activity Theory[J/OL]. Kybernetes, 2020, ahead-of-print (ahead-of-print) [2021–01–21].

[2] Yao Z, Wu J, Zhang Y, et al. Norms of Valence, Arousal, Concreteness, Familiarity, Imageability, and Context Availability for 1,100 Chinese Words[J]. Behavior Research Methods, 2017, 49(4): 1374–1385.

[3] Liang X, Wang D, Huang M. Improved Sentence Similarity Algorithm Based on VSM and Its Application in Question Answering System[C/OL]. 2010 IEEE International Conference on Intelligent Computing and Intelligent Systems. Xiamen, China: IEEE, 2010: 368–371[2021–01–21].

$$R = \ln\left(\frac{W}{N}\right) + \frac{\sum_{i=1}^{T} L_i}{T} \qquad (7.1)$$

其中，W 指给定文本的总词数；N 指句子总数，T 为回答中具有 HSK 等级得分的词汇数，L_i 表示第 i 个词的 HSK 等级得分（$L_i \in [1,6]$）。可读性指标 R 的值越高，文本越复杂。

在早前研究的基础上，我们将每个问题中问题回答的参与者人数作为衡量群体规模的指标。相邻两个回答之间的时间长度的对数作为时间间隔的测量指标。我们将回答的次序作为时间变量的代理变量。

对于问题类型，我们进行了人工编码。经验类问题是指问题涉及个人日常经验（例如，Google Pay 使用体验怎么样？）。观点导向类问题旨在获取用户的观点（例如，为什么人们都不喜欢 Lewis Hamilton？）。事实导向类问题旨在获得客观事实（例如，火箭有可能穿越土星吗？）

（二）数据分析

我们利用多层线性模型来分析数据。多层线性模型包括两个研究单位。其中，问题内的问题回答者行为为低层次单位（简称"问题内"，Within-Question）；而不同问题间的差异为第二层单位（简称"问题间"，Between Questions）。在问题内单位，我们引入了回答话语特征、群体特征以及时间特征等变量。在问题间单位，我们引入了问题类型变量，来解释信息增量的影响。多层线性模型能够有效地分析历史数据，及探究上述变量随着时间变化是如何影响知识增量的。

三、不同问题的信息增量演化趋势

如图 7.6 可见，我们首先分析了不同问题的信息增量演化趋势。在 1980 个问题中，问题的回答数呈现出典型的有偏分布。这说明，大部分问题只收到了很少的回答，而一小部分问题收到了非常多的回答。

上述问题收到的回答数从 10 到 2114 不等，75% 的问题收到的回答数小于 40。图 7.6（b）显示了回答数小于 100 的问题分布（Truncated Distribution）。

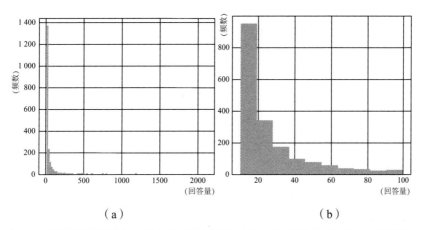

（a）　　　　　　　　　　　　　（b）

图 7.6　问题回答数分布 [图（a）：所有问题；图（b）：回答数小于 100 的问题]

为了表示信息增量的变化，我们进一步选择了具有典型问题回答数的问题。我们对所有问题根据回答数进行排列，选择了出现频次最多的问题回答数（从 10 个回答到 21 个回答数的问题）[如图 7.7（a）所示]。在图 7.7 中，x 轴表示的是回答的次序（即第 n 个回答），y 轴表示第 n 个回答时信息的平均增量（即第 n 个回答和前 n-1 个回答之间文本的差异性）。不同的颜色表示具有不同回答数的问题。

由图 7.7 我们发现，不同回答数目的问题都呈现出了知识信息增长的相似模式。相对于前 N 个时刻，N+1 时刻的信息增量呈现出显著的递减趋势。这说明，信息在知识建构的早期增加迅速。此外，随着知识建构的完成，后续时刻对前时刻的知识增长趋近于饱和，即在后续知识回答接近尾声时，不再有知识的增长。我们的研究与布赖恩·基

第七章　在线知识的合作建构机制　　215

根（Keegan）和谭陈浩（Chenhao Tan）[1]的研究结论类似。其分析了维基百科中关于新冠肺炎疫情的信息，发现信息的新奇性随着时间逐渐衰减。这种模式说明，在线知识建构的完成是一个逐渐饱和的过程，而非突然的状态转变。

四、影响知识建构的因素

表7.6列出了多层线性模型分析结果。如前文所言，我们将问题特征作为高层次变量，将回答和问题贡献者特征作为低层次变量。为了估计模型的拟合程度，我们首先对没有预测变量的零模型（模型1）进行了估计。模型2是本书理论模型。我们用对数似然比（Log-Likelihood Ratio）来估计模型拟合程度。简单来说，我们利用"对数似然比"来比较零模型和理论模型的差异，而该差异服从卡方分布。通过对数似然比估计，理论模型的拟合度为17%，显著高于既往只考虑个体行为的研究模型[2]。

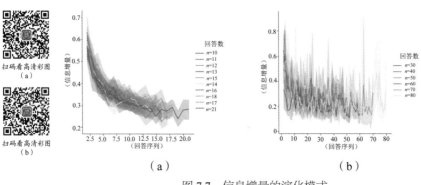

图7.7　信息增量的演化模式

1　Keegan B C, Tan C. A Quantitative Portrait of Wikipedia's High-Tempo Collaborations during the 2020 Coronavirus Pandemic[J/OL]. ArXiv:2006.08899 [Physics], 2020[2020–12–16].
2　Zhang L, Han Y, Zhou J-L, et al. Influence of Intrinsic Motivations on the Continuity of Scientific Knowledge Contribution to Online Knowledge-Sharing Platforms[J]. Public Understanding of Science, 2020: 096366252097078.

如表 7.6 所示，问题层和回答层的变量显著影响了信息的增量。模型的 ICC（The Intraclass Correlation Coefficient）为 0.21，即 21% 的知识增量的方差可以被问题层面的变量所解释。ICC 值显著高于 0，说明多层线性模型能够显著优于传统回归模型[1]。

表 7.6 上部分展现了模型的固定效应。问题回答长度的基尼系数（$\beta = -0.27, p < 0.001$）和用户评论的基尼系数（$\beta = -0.06, p < 0.001$）都呈现出降低信息增量的效果。换言之，垄断的观点市场会降低信息增量。

前序时间的参与者特征也会增加后续时间的信息增量（$\beta = 0.05, p < 0.001$）。对于活跃用户的出现，我们发现，相比于普通用户，活跃用户和中等用户（即问题回答数量排在前 1% 和 10% 的用户）并未对信息的增量起到显著的影响作用。时间变量负向影响了信息在下一时刻的增量（$\beta = -0.02, p < 0.001$）。两个回答之间的时间间隔越长，回答的信息增量越少。

表 7.6 知识增量的 HLM 回归模型

	模型 1		模型 2	
	回归系数	标准误	回归系数	标准误
固定效应				
截距	0.320	0.002		
观点市场				
基尼系数—回答长度			-0.27***	0.01
基尼系数—评论数			-0.06***	0.005
参与者特征				
市场规模（群体规模）			0.05***	0.01
活跃用户的出现				

---

[1] Kreft I G, De Leeuw J, Aiken L S. The Effect of Different Forms of Centering in Hierarchical Linear Models[J]. Multivariate Behavioral Research, 1995, 30(1): 1-21.

续表

	模型 1		模型 2	
	回归系数	标准误	回归系数	标准误
活跃用户（一般用户 = 0）			0.003	0.002
中等用户（一般用户 = 0）			0.002	0.002
匿名用户（一般用户 = 0）			0.016	0.013
时间特征				
回答间时间间隔			-0.02^{***}	0.004
时间			-1.55^{***}	0.07
时间^2			1.67^{***}	0.13
时间^3			-9.89^{***}	0.01
话语特征				
敏感性			0.005	0.005
可读性			-0.01^{**}	0.004
控制变量				
问题类型：意见型（经验型 =1）			0.002	0.007
问题类型：事实型（经验型 =1）			-0.04^{***}	0.01
随机效应				
截距 T00	0.008	0.09	0.006	0.08
模型拟合				
Log-Likelihood	34 475.3		40 321.9	

注：*** $p < 0.001$；** $p < 0.01$；* $p < 0.05$。

我们引入了顺序变量作为时间的代理变量（即时间、时间^2、时间^3）。所有时间变量显著预测了信息增量的变化。该结果说明，知识贡献是一个随时间变化而变化的演化过程。

结果同时还显示，文本的情感倾向对信息的增量无影响。文本越复杂，其下一时刻的信息增量越少（$\beta = -0.01$，$p < 0.001$）。因此，文本的可读性增加了下一时刻的信息增量。至于问题类型，和经验型问题相比，事实类问题（$\beta = -0.04$，$p < 0.001$）显示出更低水平的信息增量。

总结一下，本节检验了在线知识分享平台中观点的市场如何影响知识建构。我们聚焦于知识增量，竞争性的观点市场更有利于知识的增长和知识建构。此外，用户的参与和时序特征，也影响了信息增长。这些结果说明，在线知识建构是一个大众集体参与合作的动态累积过程。

首先，本章探究了信息增长的动态规律。我们发现，无论问题的回答数多寡，其信息增量皆呈现出先快速增加后逐渐趋于平缓饱和的趋势。该发现意味着，信息在早期快速增加，后期信息增量趋缓。信息增量的演化方式还受到回答间隔时间的影响。因此，在线知识分享系统的知识建构是一个动态、群体合作的新信息累积的过程。

此外，知识建构需要在线用户持续贡献信息。例如，本书发现，较大的群体规模能够增加信息的增量。表7.6中自变量"活跃用户"并不显著，这说明，在线知识分享系统中的知识建构并不依赖关键用户；而是普通用户通过在线人际交往不断贡献新信息的过程[1]。

与此同时，本节发现，在线知识分享平台知识建构还具有以下两个典型特征。

第一，竞争的观点市场促进知识积累。我们发现，在在线知识分享系统中，竞争的观点市场促进知识积累。这个现象有两种可能的解释。

一是，竞争的观点市场意味着对当前知识的建构尚未达成一致，未出现主流观点[2]。竞争的观点市场提供了争议（Disagreement）存在的场所，而争议能够引发用户的认知不和谐（Cognitive Disturbance），

---

[1] Holtz P. Using Big Data Techniques for Measuring Productive Friction in Mass Collaboration Online Environments[J]. International Journal of Computer Supported Collaborative Learning, 2018, 13(4): 439–456.

[2] Gunawardena C N, Lowe C A, Anderson T. Analysis of a Global Online Debate and the Development of an Interaction Analysis Model for Examining Social Construction of Knowledge in Computer Conferencing[J]. Journal of Educational Computing Research, 1997, 17(1): 207-431.

从而进一步刺激用户提供新的信息，达成较为一致的结论，减少认知不和谐和争议[1]。而每个个体克服认知不和谐状态的过程，就是刺激个体学习和集体层面知识建构的过程。长远来看，这种不和谐能够进一步促进创新和新知识的积累[2]。

二是，竞争的观点市场鼓励个体参与知识建构。在一个竞争的观点市场中，用户不担心成为少数派，被其他用户孤立。在此前提下，用户有更强的动力将自身的知识外化为系统知识，在系统中贡献新的信息[3]。所以，在线知识分享系统应鼓励不同意见与观点的竞争。新的信息在边缘地带才能够得以生长，并且这是信息增长的有效方式[1]。

第二，活跃用户在知识建构中并未起到关键的作用。前文提到的"90-9-1"法则认为，在互联网世界，活跃用户更倾向于提供内容。牛顿假说（Newton Hypothesis）认为，知识的贡献得益于一小部分精英人士。如果该假设成立，在线知识共享平台的知识贡献，应该主要由一部分精英人士推动。

但是，本书结论挑战了"90-9-1"法则。我们发现，广泛意义上的"活跃用户"（Globally Active Users）对于在线知识的建构并未起到关键作用，表现为活跃用户和普通用户在知识的增量贡献维度无显著差异。其原因可能在于，活跃用户虽然能够提供内容，但其较难提供异质性信息[4]，未

---

1 Holtz P. Using Big Data Techniques for Measuring Productive Friction in Mass Collaboration Online Environments[J]. International Journal of Computer Supported Collaborative Learning, 2018, 13(4): 439–456.
2 Hagel 3rd J, Brown J S. Productive Friction: How Difficult Business Partnerships Can Accelerate Innovation[J]. Harvard Business Review, 2005, 83(2): 82–91, 148.
3 Cress U, Kimmerle J. A Systemic and Cognitive View on Collaborative Knowledge Building with Wikis[J]. International Journal of Computer-Supported Collaborative Learning, 2008, 3(2): 105–122.
4 Lerner A. The Concept of Monopoly and the Measurement of Monopoly Power[M/OL]. ESTRIN S, MARIN A, ed. by//Essential Readings in Economics. London: Macmillan Education UK, 1995: 55–76[2021–01–21].

能提供平台中尚不存在的新信息。该结果和"奥尔特加假说"（Ortega Hypothesis）的论断较为一致，即在在线系统中，低参与度和中等参与度用户是建构系统功能的支撑。由社会化媒体等媒介平台带来的技术改变，使得知识建构的过程中用户的群体合作影响了知识建构的效率。知识的建构是广泛的社团成员基于自身经验协同合作的结果，而非孤立的少数个体行为[1]。知识建构需要大量普通用户通过在线互动形成合作，并产生异质信息[2]。换言之，知识建构通过用户互动完成，而非依赖精英用户。

---

[1] Garrison D R, Archer W. A Transactional Perspective on Teaching and Learning: A Framework for Adult and Higher Education. Advances in Learning and Instruction Series.[M]. ERIC, 2000.
[2] Liu F, Lin Z, Qu Y. A System Dynamics Investigation of Knowledge Collaboration in Online Encyclopedias Based on Activity Theory[J/OL]. Kybernetes, 2020, ahead-of-print(ahead-of-print) [2021-01-21].

第八章　结语

如开篇所言,现代社会中的知识生产体系正在发生着重大变化,在线知识共享平台已经成为知识生产的重要场域之一。在这种平台中,知识被大量生产并通过在线人际互动在社会和全球范围内传播[1]。这种新的知识生产模式使得用户能够进行非正式知识分享,而无须通过正式社会建制性机构进行知识生产。在线知识生产平台将知识生产过程"从一个相对简单的把关、发布和有针对性的搜索和检索过程,转变为一个包括评论、修改、协作、批评、论证、重组和推荐的多层次、社会化过程"[1]。它不仅是一个大型的知识文档存储库,还是一个集体合作生产和共享知识的社区。

本书立足传播学视角,利用跨学科方法和理论视野,结合计算社会科学的数据分析技术,系统分析了在线知识传播的疆域、结构与机制。在传播学视域下,本书的研究重点包括:(1)在线知识传播内容(What),

---

[1] Lievrouw L A. Social Media and the Production of Knowledge: A Return to Little Science?[J]. Social Epistemology, 2010, 24(3): 219–237.

即知识传播疆域和结构；(2)在线知识传播者知识分享行为（Who）与在线知识传播受众信息接受行为（Whom），即知识传播的机制；(3)在线知识的传播效果（with What Effect），即在线知识传播的普惠性。

一、本书的学术贡献

从研究视角来看，本书将知识传播研究从个体视角转向了"问题—回答"层面的时序视角以及宏观网络视角。此前的知识传播研究重在探究个体层面和人际层面对于知识贡献者行为的影响；而基于个体和人际层面的知识建构研究无法从全局的视角探析知识建构过程。个体视角认为，知识就在那里等待用户获取，而忽视了知识的建构本身就是用户间不断互动的动态过程。这种误解主要缘于此前教育学和心理学对该问题基于小样本数据的研究方法。用户调查等方法获取的数据很难精确追踪、动态记录知识建构的过程。相比较而言，知识建构的贯序视角和宏观结构性视角认为，知识并非隐藏在平台中等待被发现。知识在在线社区中通过用户互动被不断建构，而非一成不变的稳定状态。知识的建构是一个由前序状态影响的不断累积的过程，并最终呈现为具有规律性的宏观知识网络结构。

从理论意义而言，本书立足传播学视角，将在线知识传播研究推向跨学科学术前沿。首先，知识传播作为典型的信息传播行为，本书从传播者、传播内容及受众和传播效果三个层面对社会化媒体知识传播效能进行探究，拓展了知识传播的研究视域，也拓展了拉斯韦尔"5W信息传播模型"在知识传播领域的理论阐释视域。同时，本书基于对社会化媒体知识内容与用户在线行为海量数据的分析，对知识传播行为机制与传播效能进行理论化探索，推动传播学与计算社会科学和信息科学的融合。

从方法论意义而言，本书基于大数据分析技术，运用文本挖掘、社会网络分析，结合线性回归模型对用户行为和知识文本进行分析。大数据时代，这种结合了计算社会科学与传统定量研究的数据驱动研究，实现了社会科学研究方法的互补优化。这对于当前新媒体信息传播研究具有方法论层面的可推广性和借鉴意义。同时，本书还对社交媒体中用户行为数据的使用提供了参考。近年来，随着行为数据的可得性加强，数字足迹逐渐成为计算传播研究中的重要数据来源之一。以往的知识采纳研究大多通过调查法和实验法收集数据，数据收集的成本高，样本量小，并且还会存在自我汇报和实际行为之间的偏差，影响分析结果；而行为数据能够以一种非介入性的方式获取大批量的用户的实际行为，数据收集成本低，准确性高。本书使用用户的行为数据对知识传播行为中多个关键概念提出了新的量化方式（例如，知识概念被持续采纳的时长、知识贡献的内生动力、观点市场的竞争趋势等），与传统的问卷测量相比，更具有真实性和可推广性。

从社会意义而言，本书研究成果将服务于国家知识经济战略转型、现代知识管理与科学决策以及当前公民科学素养的提升。知识传播是国家知识经济战略深入发展的重要保证。知识的创新、成果转化、知识产品的应用等知识经济发展的重要环节皆依赖于知识在社会个体中的有效传播[1]。在线知识分享系统的重要社会意义在于，使用者意识到其对信息生产负有集体认知责任（Collective Cognitive Responsibility），推动公共知识的进步。持续的知识生产是社会进步的标志之一，知识社会的发展需要唤起人们的集体认知责任意识，从而使其自发自觉地加入到创新性的文化实践（Cultural Practice）中，形成"共同体知识"。同时，基于社

---

1 倪延年. 知识传播功能论 [J]. 中国图书馆学报，2002（5）：12–15.

会化媒体广泛而高效的知识传播，有助于提升政府和社会组织科学管理能力与科学决策水平，从而降低社会运行成本。

此外，本书对于知识传播普惠性效能的探究，有助于客观评估和提升新媒体知识内容资源的供给能力与传播能力，最终有效提升知识传播效率、提高全民科学素养。在线知识分享系统依赖于用户自发性在线协同知识建构。由于在线知识分享平台特定的目标受众定位、网民新媒体技术水平的差异以及缺乏线下建制性制约条件，在线知识分享系统知识疆域更集中于社会知识精英阶层关心的内容（例如生活、教育、互联网、金融等），缺乏关照社会全体成员或大多数阶层的普适性，显现出知识的"精英化"趋势。例如，在教育社团，处于核心位置的标签多为"留学""考研""大学生活"等；而关于义务教育、职业教育的探究处于网络边缘位置。这说明，在当前阶段，以"知乎"为代表的主流在线知识分享平台，尚未实现覆盖全社会多阶层的"知识共同体"。这反映了在线知识协同建构自组织性的缺陷，需要一定程度的人为干预（例如推荐算法的权重设置、用户在线好友的连边机制改进等），以实现均衡的知识进步。

二、在线知识传播的技术契机

什么是知识？哈耶克在《知识在社会中的运用》一文中提到，在社会经济生活中需要被运用到的知识，是"有关各种情势的知识（the Knowledge of the Circumstances）"。这种"有关情势的知识"从来就不是以一种集中的且整合的形式存在的，而仅仅是作为所有彼此独立的、个人所掌握的、不完全的，而且还常常是相互矛盾的分散知识而存在的。这些有关特定时间和地点的知识非常重要，却未经组织，在一般意义上甚至不可能称为科学的知识。对于掌握"有关情势的知识"，每个个体实际上要比所有的其他人都更具有优势，因为每个人都掌握着有可能极具助益的独一无二的信息。但是，只有当基于这种信息的决策是由每个个人做出的或者是经由他的积极合作而做出的时候，这种信息才能够得到运用[1]。

社会经济生活的本质是，人们正确有效地运用社会成员所知道的资源，以最优方式实现社会资源的整合。简而言之，它实际上就是一个如何运用知识的问题。从这个意义而言，在线知识分享平台使得我们能够广泛分享上述"有关情势的知识"实践性知识（Practical Knowledge）。

三、重回哈耶克：在线知识传播的局限性

知识就是力量，但知识生产作为人类内外连接、将内隐知识进行外化的一种活动，有其特殊的运行机制。作为一种心理活动，它遵循着人类思维运行的规则。作为学科性知识生产活动，它遵循知识生产的内部逻辑及规则。而作为人类心灵的一种创新活动，它还受知识生产主体所在社会环境等方方面面的制约。

首先，互联网让"协同知识生产"成为了一个极具乌托邦色彩的概念，而其实则是复制了线下知识生产与社会经济地位这一结构性的不平等。如果从文化与权力的关系角度来看待知识生产这一社会活动，我们会发现，曾经以精英阶层为主导的知识生产模式处处充斥着权力的不平等，并且这些不平等十分显而易见。如今知识生产转移到线上，种种不平等却在其中完美地隐匿了。精英阶层在现实社会中无法隐藏的资金、人才、圈层等先决条件在虚拟空间中不为人知，精英阶层作为知识生产主体的先决条件更加隐秘、更加不易察觉。

其次，精英阶层的对知识的控制反映在知识生产的内容之中。社会经济地位较高的精英阶层通常以权力阶层的价值立场、自身利益为出发

---

[1] F.A. 冯·哈耶克. 知识在社会中的运用 [M]. 邓正来，译. 个人主义与经济秩序. 上海：复旦大学出版社，2012: 85–100.

点[1]善用意识形态方面的内容进行潜在灌输。在知乎问答平台中，精英阶层发表大量有关"留学""研究生"等高投入教育的内容，看似与用户交流心得、分享知识，实际上仍是通过展示自身最好的生活状态，满足大众对于中产、精致的幻想，"谢邀，人在美国，刚下飞机""熟人太多，利益相关，匿了"等知乎体也正是源由于此。

此外，各类知识的生产者通常以自身的经济地位和教育背景为依托，对这些知识进行生产、加工和处理。正所谓有实践才有发言权，知识生产平台中产生的大量中、高投入教育知识，包括留学、高等教育等，其生产者往往正在或曾经接受过这样的教育。例如，关于留学话题的知识生产，不曾出国留学的人尚且无法对这一话题发表意见，相关的知识生产和输出更是无从谈起。而一些低层次教育的内容，其背后的生产者也往往有相关经验支撑。因此，基于接受的不同层次的教育才能生产不同层次的教育知识，这可能是参与知识生产者之间不平等的原因之一。如何突破在线知识传播与社会经济地位这一结构性的不平等，实现真正的知识普惠，是未来知识分享平台亟待解决的技术瓶颈。

---

1 吴炎子. 互联网知识协作平台的知识生产与传播研究 [D/OL]. 苏州大学，2019[2021–11–08].